卓越学术文库 ■

尼山世界儒学中心/中国孔子基金会课题基金项目

河南省高校人文社科规划资助项目"基于道斯矩阵层次分析下的
仲景文化国际影响力研究"（批准号：2022-ZZJH-128）

河南省教育科学"十四五"规划课题"知行合一视域下中华优秀
传统文化贯通思想政治教育实践研究"（批准号：2021YB0716）

春风过耳——《论语》之问

CHUNFENG GUOER——《LUNYU》ZHI WEN

河南省高等学校哲学社会科学优秀著作资助项目

杜　严　魏松根 著

U0094414

郑州大学出版社

图书在版编目(CIP)数据

春风过耳：《论语》之问／杜严，魏松根著. — 郑州：郑州大学
出版社，2023.8

（卓越学术文库）

ISBN 978-7-5645-9791-7

Ⅰ.①春…　Ⅱ.①杜…②魏…　Ⅲ.①儒家②《伦语》- 研究

Ⅳ.①B222.25

中国国家版本馆 CIP 数据核字（2023）第 118128 号

春风过耳 ——《论语》之问
CHUNFENG GUOER ——《LUNYU》ZHI WEN

策划编辑	孙保营		封面设计	苏永生
责任编辑	寇小艳		版式设计	苏永生
责任校对	席静雅		责任监制	李瑞卿

出版发行	郑州大学出版社		地　　址	郑州市大学路 40 号（450052）
出 版 人	孙保营		网　　址	http://www.zzup.cn
经　　销	全国新华书店		发行电话	0371-66966070
印　　刷	新乡市豫北印务有限公司			
开　　本	710 mm×1 010 mm　1／16			
印　　张	13.5		字　　数	211 千字
版　　次	2023 年 8 月第 1 版		印　　次	2023 年 8 月第 1 次印刷

书　　号	ISBN 978-7-5645-9791-7		定　　价	69.00 元

《论语》多文本主题教育架构之学思（代序）

古人云："半部《论语》治天下。"这句话虽然不免夸张，但一语道出了《论语》在中国历史发展中发挥的巨大价值以及占据的重要地位。《论语》作为"四书"之首，无论是思想价值，还是汉语言文学角度涉及的词语文句语法特征等，都对中国历史文化和社会生活产生了深远影响。

从一定意义而言，《论语》是解读中国文化思想的一把钥匙，也是学习中华优秀传统文化的重要入口，更是面临人生困境时的一把斩惑利剑。那么，如何引导高中生、高等职业教育大学生有效衔接教育教学，进一步学习弄懂《论语》，对广大青少年未来人生幸福和职业发展有着重要指导意义。

1999年以来，我们一直坚持把《论语》的教育教学引入高中、高职的语文课堂或人文素养选修讲座中，进行不断的教学实践，尝试加以丰富凝练，已经历七八次轮讲，历时二十余年。虽然，有的学生开始时对此表示不解抑或是表达一些小小的不满，认为"高考不考""就业不用""公选不测"，离我甚远，何必学它？但还有更多的学生认为，它对自己的日常生活或者做人、做事，好好活着"收获益多"！这也是我们坚持《论语》教学以及中华优秀传统文化专题教育教学实践的主要原因。只要有孩子热爱，只要有孩子可以从中身心受益，有利于他们身心健康成长、成人就是我们持续教育的动力源。

《论语》教育教学，从最初的按照章节讲学思到如今采用多文本主题教育教学，其中有不少显著的差别。

一、从"原汁原味"到"精挑细作"，在传诵经典上下真功

最初，按照《论语》章节内容进行逐章逐字逐句教学，《论语》二十章，从《学而第一》到《尧曰第二十》，按照每周一课时来安排，大体需要两个学期87个课时。因为逐字逐句学习，对文言文基础字词句以及语法教学有很大

帮助。《论语》整部通篇文句优美韵致,富丽淡雅,是后来读书人追求的典范,譬如"不患人之不己知,患不知人也",这种典型的否定句中代词宾语前置,就是高中文言句式的重点、难点;《论语》中的许多词语是中国传统思想的"核心观念",譬如,仁、义、礼、智、信、忠孝、中庸等;许多处世做人的道理以及处理问题的方法,譬如,如何学习、如何交友、如何爱国、如何做事等,都可运用到今日的高中学生作文写作和大学生的专业思政以及实习岗位实践中。但是,这种方法"相对耗时",为一些高考"功利"者所不喜。而且,《论语》是典型的"碎片化阅读",学生很难在头脑中形成系统性架构,难以充分发挥《论语》的最优价值。

很长一段时间,由于时间有限,我们时常尝试采用"精挑细作"的教育教学模式。所谓"精挑"就是精选《论语》里面的名句,譬如:"礼之用,和为贵。先王之道,斯为美。""为政以德,譬如北辰,居其所而众星共之。""君子喻于义,小人喻于利。""质胜文则野,文胜质则史。文质彬彬,然后君子。"对于这些名句,除了老师的细讲精研之外,还需要学生们去用心记忆、提炼,然后才能学以致用,尽量用到生活中,作文写起来也活色生香,充满情感张力。这种方法看起来近乎有一点"功利",但是学生们的考试"效果"很不错,且增加了自信心!

二、从"精挑细作"到"植入运用",在传承经典上做文章

首先,"意在笔先",立意是学生作文的关键,学生如能巧妙地将《论语》中的核心思想"植入"作文中去,常常会收到意想不到的效果,受到阅卷老师的青睐。譬如论及"友谊的小船说翻就翻",有学生用孔子"益者三友"和"损者三友"来理论,就论述得非常准确深刻,又形象生动。就现实高中、高职议论文而言,每个主导性论点,都可以在《论语》中找到有效的"理论论据",将此巧妙运用到作文之中,常常无往而不利!

其次,学习《论语》中循循善诱的教导模式,让学生学习其"拔高"模式,进而"出新、出彩"。譬如论语中有这样一则典型片段:

子贡曰:"贫而无谄,富而无骄,何如?"子曰:"可也。未若贫而乐道,富而好礼者也。"子贡曰:"《诗》云,'如切如磋!如琢如磨',其斯之谓与?"子

曰:"赐也!始可与言《诗》已矣,告诸往而知来者。"(学而第一)

一天,子贡心有所悟:"贫而无谄,富而无骄。"这是做人的境界,贫穷绝不能有谄媚之心,富贵后绝不能有骄纵之心。子贡将这一人生心得告诉了孔子,孔子首先对此进行了肯定:"可也。"随即进行了点拨:"未若贫而乐道,富而好礼者也。"虽然只是换了几个字,但这一境界与子贡的心得相比判若云泥。这亦启发了作文教育教学中主题思想上如何拔高提升,有意识地练习这种拔高思想的训练模式,对提高作文水平大有裨益。

三、从"碎片化阅读"到"多文本主题架构",在传播经典上见成效

《论语》是典型的"碎片化阅读"模式。以这种阅读模式,我们即使高效阅读应用,也常常只能抓取片鳞只爪。

要想系统学习论语思想,多文本教学为我们提供了良好的思路。为此,打破章节,舍弃低效识字句读训练,进行主题架构,提出了二十一问。一问孔子:缘何从"草根"到圣人? 二问:何为本? 三问:何为仁? 四问:何为道? 五问:何为礼? 六问:何为知(智)? 七问:何为信? 八问:何为孝弟(悌)? 九问:如何立身? 十问:如何为学? 十一问:如何为政? 十二问:如何事君(爱国)? 十三问:如何交友? 十四问:如何教育? 十五问:如何做事? 十六问:如何识人? 十七问:如何看待贫与富? 十八问:如何看待达与穷? 十九问:如何言与行? 二十问:如何忧与乐? 二十一问:如何不负此生?

《论语》二十一问,围绕"三种视角""四个纬度",对现实中人们常见的问题进行追问。《论语》中深藏的精神内涵,千百年来如同血液融入每个炎黄子孙的身体,如同钙补进了中国人的骨骼,更是一种独特的气场,形成了中国人的价值观和世界观。

这三种视角是:

其一,"何为本"? 或者用哲学的观点,就是:"我是谁!""认识你自己!"《论语》不是单纯站在个人的角度,而是从人区别于禽兽的"种差",提出"本立乃道生""君子务本"等思想。不忘初心,方得始终,最早努力践行这句话的,就是孔子及其门人。

3

其二,"如何做"?具体而言,就是"如何立身""如何为学""如何为政""如何交友"等,涉猎人生的方方面面,是中国人立身处世的重要准则。

其三,"有何风范"?人应具备怎样的生活、生命情怀,如何笑对"贫富""穷达""忧乐"等人生串起的一个个困惑。这代表了孔子对于人类命运的"终极关怀",即对人存在感的思考。人存在的价值和尊严,人生存的欲求和权利,人作为个体生命的最终指向等。要努力"成为怎样的人"?孔子提出了一种答案:"文质彬彬,然后君子!"而君子之风,君子之格,就是中国古人追求的高标准!

四、从"四个维度"到"家国天下",在传习经典上显典范

"四个维度"即个人维度、社会维度、国家维度、世界维度。可以从这四个维度处理各种关系和解决各种矛盾。

(一)个人维度

表现为如何立身修德:"博我以文,约我以礼,欲罢不能,既竭吾才,如有所立卓尔。虽欲从之,末由也已!"(子罕第九),通过"思"与"行"达到自我提升。孔子提出人有"九思":"视思明,听思聪,色思温,貌思恭,言思忠,事思敬,疑思问,忿思难,见得思义。"(季氏第十六)要"思想",但孔子反对一味地"三思而后行",提出"再思想",也就是思想两次就可行动。"行胜于言",行动是检验一个人或者一条真理的重要标准。正如荀子《劝学》所言,"吾尝终日而思,不如须臾之所学也",通过"行"把修身的最高目标指向"仁"。"仁"是什么?是一种人生追求或者最高境界,用著名哲学家冯友兰在《对于孔子所讲的仁的进一步理解和体会》中说,"作为全德之名的仁,是人生的一种精神境界"。

(二)社会维度

如何处理人与人之间的关系,实现"里仁为美"。《论语》中关于人与人的关系,首先是"推己及人"的一个过程:"己欲立而立人,已欲达而达人。"(雍也第六)通过"礼",达成"和为贵"的情面,实现"泛爱众而亲仁"。如若目的无法达成,则停止行动,那就要求"反诸己",努力自我解剖、省己和自我建构,找到解决问题的方法,如同曾子的"三问"一样。这种从自身寻找原

因,寻求"破冰"之道、之举,无疑是一种有深度、深刻、深情的社会价值。

(三)国家维度

孔子提出的忠君爱国观念,被后人模式化为"三纲五常"。一段时期以来,孔子被视为封建制度积极的维护者,甚至被近代启蒙思想家称之"以礼杀人"。究其原因,还是在《论语》被奉为经典之后层层累加的结果:"面对权力公共性与财富普遍性存在深刻危机的生活世界,'伦理优位'的儒家伦理努力的结果是,造就了一代代的圣人,也维护了一代代的不合理制度。这是儒家精神哲学的历史悲剧。"①其实,如若还原《论语》原生态的语境,我们就会看到孔子提出的忠君爱国是互为支撑的,也是相互作用的。而孔子更强调君主的修身表率作用。例如:

> 哀公问曰:"何为则民服?"孔子对曰:"举直错诸枉,则民服;举枉错诸直,则民不服"。(为政第二)
>
> 季康子问:"使民敬,忠以劝,如之何?"子曰:"临之以庄,则敬;孝慈,则忠;举善而教不能,则劝"。(为政第二)

在孔子看来,统治者要求百姓服从,获得百姓敬重爱戴,让百姓对国家忠诚,统治者必须从自我做起,建立公平公正平台,对百姓尊重爱护,只有统治者"帅之以政"率先垂范,才能得到百姓真心的拥戴。

(四)世界维度

《论语》中孔子弘扬的价值观时常代表人类对大自然的"觉解"。这种"觉解"用冯友兰先生的话就是"天地境界"。"天不生仲尼,万古如长夜。"这句话形象指出了孔子作为"木铎"先师对于人类思想的影响。体悟孔子的思想,首要的是感悟孔子的情怀,细揣孔子的"言"与"行",孔子的"忧"与"乐"。孔子虽在人伦之中,但孔子的人伦思想已与天地万物浑然一体。"不违""无违"就是依天顺时而顺应万物生。

---

① 樊浩:《〈论语〉伦理道德思想的精神哲学诠释》,载《中国社会科学》2013 年第 3 期,第 140 页。

正如南怀瑾先生所言："无论在任何时代、任何地区,对它的原文本意,只要不故加曲解,始终具有不可毁的不朽价值,后起之秀,如笃学之、慎思之、明辨之,融会有得而见之于行事之间,必可得到自证。"①借助多文本阅读,对《论语》核心思想进行重新建构,对于正确理解孔子思想,提升青少年学生对于优秀传统思想文化形成再认识,领会其在新时代的重要作用,树立正确的世界观、人生观和价值观有着积极而重要的意义。

---

① 南怀瑾:《论语别裁》,复旦大学出版社 1996 年版,前言第 4 页。

目　录

1

第一问

祈问孔子：缘何从"草根"到圣人

孔子，是中国儒家思想的创立者，是被我们誉为圣人的人，第一位被称为老师的人，即师之鼻祖，其思想对中国政治、历史、文化、社会等影响深远。考究其生平，孔子是名副其实的"草根"。从"草根"到"圣人"，体现了孔子一生不懈的追求。孔子的一生，是自强不息、奋斗不止的一生，是执着探索、勇敢担当的一生，是追求理想、生无所息的一生。

一、出身疑点

孔子的祖先，据说是宋国（国都在今河南商丘）贵族。有人一直追溯认为，其祖先是商朝的王室，不过这大抵属于无稽之谈，不过是一种美化罢了。按照司马迁的史载考证，"其先宋人也"。《史记·孔子世家》称孔子五代祖木金父，因其父孔父嘉在宫廷内讧中被杀，而从宋国避祸奔鲁。孔子的父亲叔梁纥武力超绝精伦，当时以勇猛著称。因为战功显赫，做了当地的县令，因此，遇到孔子的母亲颜徵在。

司马迁《史记·孔子世家》中这样介绍："孔子生鲁昌平乡陬邑。其先宋人也，曰孔防叔。防叔生伯夏，伯夏生叔梁纥。纥与颜氏女野合而生孔子，祷于尼丘得孔子。鲁襄公二十二年而孔子生。生而首上圩顶，故因名曰丘云。字仲尼，姓孔氏。"

当时，叔梁纥六十六岁（一说七十岁），而孔子的母亲不到十五岁。关于这场年龄极其不相称的婚姻，《孔子家语》认为是"父命"：孔父生子木金父，……方叔生伯夏，伯夏生叔梁纥，曰虽有九女，是无子。其妾生孟皮，孟皮一字伯尼,有足病,于是乃求婚于颜氏。颜氏有三女,其小曰征在,颜父问三女曰:"陬大夫虽父祖为士,然其先圣王之裔,今其人身长十尺,武力绝伦,吾甚贪之,虽年长性严,不足为疑,三子孰能为之妻?"二女莫对,征在进曰:"从父所制,将何问焉。"父曰:"即尔能矣。"遂以妻之。征在既往庙见,以夫之年大,惧不时有男,而私祷尼丘之山以祈焉,生孔子,故名丘,字仲尼。

按照《孔子家语》的解释,孔子的外祖父是个爱才之人,因为赏识叔梁纥的"武力绝伦"而把女儿嫁给他。孔子三岁时父亲死去,母亲颜征在带着年幼的孔子离开生父之家,独自抚养他,迁居到鲁国国都曲阜城内的阙里,即现在山东曲阜城内,孔庙东侧仍有一条阙里街,街的北尽头即是孔子故居。

二、野蛮生长

无论出身多么高贵,无论孔子父亲如何的孔武有力,有一个掩盖不住的事实是:这一切似乎都与孔子无关,在平常人眼里,孔子只是一个出身卑微的"草根",他唯一继承的只有父亲的"骨血"而已。

为母则刚。十八岁的母亲颜征在带着三岁的孔子来到曲阜阙里,虽然生活极尽艰难困苦,孔子还是度过了快乐的童年时期。无论怎么说,孔母都是一位伟大的母亲,自己无论多么悲辛,苦衷难讲,也要极尽自己所能,给予孩子童真的欢乐。《史记·孔子世家》中说:孔子为儿嬉戏,常陈俎豆,设礼容。

孔子小时候玩的游戏,也常常和"礼仪"相关。"穷人的孩子早当家",再后来,为了减轻母亲的负担,孔子去给人放过牛羊、看管过仓库。到了十五岁,孔子立志求学。这是孔子真正的第一次觉醒,按照当今流行的说法就是"自组织"。孔子十七岁的时候,孔子母亲颜征在去世,年仅三十二岁。这一年,孔子大约因为学习了两年,名望和眼界渐长,跃跃欲试渴望崭露头角,希冀被上流社会接纳。当时鲁国权臣季氏宴请国内"士"族,孔子也前去参加,却被季氏家臣阳虎拒之门外,在这个傲慢无礼的"家奴"眼里,学习再好、学问再高的孔子仍不过是一个"草根"而已。十多年后,当孔子名满天下时,阳虎请他出来做官。对于这个心怀叵测的阳虎,孔子委婉而周到地对他加以回绝。

这大概是孔子第一次进军上流社会受到挫折。受挫后的孔子退而成家立业。十九岁时,孔子娶宋人亓官氏之女为妻,次年,生子孔鲤,字伯鱼。

三、立而不惑

二十岁,孔子开始在鲁国做事,担任委吏(管仓库的小吏),二十一岁,改任乘田吏(管理牛羊畜牧的小吏,见《阙里志·年谱》)。孔子说:"吾少也贱,故多能鄙事。"(子罕第九)乘田吏是孙猴子"弼马温"之类的小官,管理的牛羊都是用来祭祀的,十分珍贵。孔子十分认真地做好自己的工作,并且利用在工作间隙,学习各种知识,这一阶段是孔子真正重要的交友学习期。

子曰:"我非生而知之者,好古,敏以求之者也。"(述而第七)孔子开始了边工作边学习的生活。鲁昭公十七年(前525)秋,郯子来朝,孔子时年二十七岁,孔子向郯子学习古代职官制度。鲁昭公十九年(前523),孔子年二十九。听说师襄善琴,于是到晋国向师襄学音乐,熟习六艺。

《史记·孔子世家》这样描述这段经历:孔子学鼓琴师襄子,十日不进。师襄子曰:"可以益矣"。孔子曰:"丘已习其曲矣,未得其数也。"有间,曰:"已习其数,可以益矣。"孔子曰:"丘未得其志也。"有间,曰:"已习其志,可以益矣"。孔子曰:"丘未得其为人也"。有间,有所穆然深思焉,有所怡然高望而远志焉。曰:"丘得其为人,黯然而黑,几然而长,眼如望羊,如王四国,非文王其谁能为此也!"师襄子辟席再拜,曰:"师盖云《文王操》也"。

孔子就是这样通过"习其曲","得其数",掌握其内容,了解其为人,孔子就这样"精学"各种本领。兵不在多,在于足用;学习不在于多,在于融会贯通、举一反三。孔子曾说:"十室之邑,必有忠信如丘者焉,不如丘之好学也。"(公冶长第五)还说:"盖有不知而作之者,我无是也。多闻,择其善者而从之,多见而识之,知之次也。"(述而第七)孔子多次声称"少也贱",声称自己是一个凡人,并不影响他的伟大,伟大的可贵就在于起于平凡,成就巍峨。孔子是一座高山,不是天赋高、起点高,而是出身不是一般的低,是低到尘埃之下的很低起点,但日日"精进"的结果,正是我们每一个普通人可以效仿的榜样。

从事着卑微的工作,以谦卑的姿态学习,孔子就这样一步步而"立",孔子三十岁时,齐景公携齐相晏婴来鲁国访问。齐景公会见孔子,与孔子讨论秦穆公何以称霸的问题。

《史记·孔子世家》这样描述:鲁昭公之二十年,而孔子盖年三十矣。齐景公与晏婴来适鲁，景公问孔子曰："昔秦穆公国小处辟，其霸何也？"对曰："秦，国虽小，其志大；处虽辟，行中正。身举五羖，爵之大夫，起累绁之中，与语三日，授之以政。以此取之，虽王可也，其霸小矣。"景公说。

后来，鲁国发生内乱，孔子到了齐国，再次受到齐景公的接见，虽然齐景公很赏识孔子的君君臣臣思想，但齐国相晏婴却反对任用孔子。在务实的晏婴看来，孔子思想多是繁文缛节，难以经世济用。晏子的思想不是没有道理，但治国需要"王道"兼"霸道"，需要的是"法治"而不是"礼制"，这一点在中国历史上已有确切证明。即使汉武帝时代"罢黜百家，独尊儒术"，但是对"儒术"依旧停留在"尊崇"上，实际还是采用法治。汉宣帝晚年对一味宠儒的太子深表忧虑，认为太子会败坏掉他的国家。

《资治通鉴》有这样一段故事：皇太子柔仁好儒，见上多所用文法吏，以刑绳下，常侍燕从容言："陛下持刑太深，宜用儒生。"帝作色曰："汉家自有制度，本以霸王道杂之；奈何纯任德教，用周政乎？且俗儒不达时宜，好是古非今，使人眩与名实，不知所守，何足委任！"乃叹曰："乱我家者，太子也！"

历史的发展也的确印证了汉宣帝的理智判断，崇尚儒家的汉元帝让汉宣帝励精图治的"中兴"局面不再，虽然没有亡国，但国运也从此大衰，败落下来。

四、五十岁开始

孔子虽然"三十而立""四十不惑"，但就其整体事业而言，依旧无所成名。五十岁，在国人的意识里，就是"半截身子入土"的年龄，很多人开始"熬"日子，开始"等"退休，达观的人也开始"优游岁月"，而孔子，却在这一年"知天命"！"天命"者，就是上天赋予自己的人生使命。五十而出发，孔子开始了他人生最重要的阶段。

五十岁，来日无多，如果你不想徒然等死，如果你不想徒然地在天地间"走此一遭"，如果你不想虚度余下时光，你该思考如何不负此生？

五十岁，是明白此生我能做些什么，我将怎样在此生留下浓墨重彩一笔的时候，这就是"天命"，准确地说是生命"自组织"，或者说灵魂的一场"重新觉醒"。

孔子是在五十岁开始了"觉醒"，从"自组织"到"新出发"！

五十一岁,担任中都宰,治理中都卓有政绩。

五十二岁,鲁定公十年(前500),孔子升任小司空,后任大司寇,代理相事。这年夏天,孔子随鲁定公与齐侯相会,不仅打掉齐国劫持定公的阴谋,还逼迫齐侯归还侵占鲁国的土地。

五十三岁,鲁定公十一年(前499),孔子为鲁司寇,鲁国大治。

五十五岁,鲁定公十三年(前497)春,齐侯送八十名美女到鲁国。鲁国君臣由此沉沦,不理朝政。孔子饱受猜忌地离开鲁国,开始人生艰难时刻,也是人生重要的思考和思想传播阶段。

五、出奔在路上

从五十五岁到六十八岁,孔子经历了十四年漂泊生活。他一直行走在路上,去观察自然,了解社会,漫游世界,思索人生。

孔子初见泰山之时,由衷地感叹道:"巍巍乎!"走到黄河岸边,又深情地赞叹道:"美哉!洋洋乎。"孔子后来总结为两句话留给后世子孙:"仁者乐山,智者乐水。"山,岿然不动,象征仁者的泰然与坚定;水,周流不断,象征智者的思辨与柔韧。孔子真的很善于总结,留此佳句使后人受益良多。

人生就是旅行,有时风光无限,有时荆棘丛生。孔子在此后十四年的周游中,有过从容安定,也历经艰难险阻、饱受祸患甚至面临生死考验,最有名的就是匡人之围、桓魋之难、陈蔡之困。

孔子路过郑国前往陈国,在郑国都城与弟子失散,独自在郑国东门徘徊,被人嘲笑为"丧家之犬"。孔子欣然笑曰:"然哉,然哉!"孔子在陈绝粮,许多学生病了,忍不住发牢骚,出怨言,但孔子却坚持"君子固穷":在陈绝粮,从者病,莫能兴。子路愠见曰:"君子亦有穷乎?"子曰:"君子固穷,小人穷斯滥矣。"(卫灵公第十五)

在饥饿的时候,人们对自己坚守的理想也会发生怀疑,甚至相互猜疑。《孔子家语》有这样一则故事:孔子厄于陈、蔡,从者七日不食,子贡以所赍货,窃犯围而出,告籴于野人,得米一石焉。颜回、仲回炊之于坏屋之下,有埃墨堕饭中,颜回取而食之,子贡自井望见之,不悦,以为窃食也,入问孔子曰:"仁人廉士,穷改节乎?"孔子曰:"改节,即何称于仁廉哉?"子贡曰:"若回也,其不改节乎?"子曰:"然。"子贡以所饭告孔子,子曰:"吾信回之为仁久矣,虽汝有云,弗以疑也,其或者必有故乎? 汝止,吾将问之。"召颜回曰:"畴昔,予梦见先人,岂或启佑我哉? 子炊而进饭,吾将进焉。"对曰:"向有埃墨堕饭中,欲置之则不洁;欲弃之,则可惜,回即食之,不可祭也。"孔子曰:"然乎? 吾亦食之。"颜回出,孔子顾谓二三子曰:"吾之信回也,非待今日也。"二三子由此乃服之。

无疑,在最困顿无奈的时候,也是最容易考验人心、人性的时候,也最能激发人性的光辉,活出自己一束光来。"三人成虎",在众人对颜回狐疑的时候,孔子没有选择相信或者不信,而是借着"献祭"让颜回自显心迹。

在路上,栉风沐雨,颠沛流离,但孔子还是执着地问道、传道,在今天的河南省漯河市,有"问十""冷饭店"一些地名,就与孔子当时路过发生的故事有关。

"冷饭店"在郾城县东面,大概孔子结束陈、蔡两地的围困后,迤逦向西路过此地,因为饥饿,孔子的学生向当地村民乞食,村民们倒也很是大方,给他们端来饭食。孔子接到饭食后,并没有急于来吃,而是依旧行礼。正像孔子所言,于礼一丝不苟,无箪食之间违仁,也无箪食违背礼仪。孔子和学生们的动作引来村民们的好奇,他们纷纷询问究竟,孔子自然不会放过这个"传道"机会,热情地向村民宣讲他的礼仪文化,结果他一开讲就收不住阵势,滔滔不绝地讲了许久。后来他讲完了,饭食也凉了。孔子不吃饭,学生们自然知礼,不会"动箸",看见饭菜已凉,就热情地招呼村民:"老乡,能否把饭食热一热?"但村民们对孔子的宣讲并不领情,他们认为对于这些"四体不勤,五谷不分"的人来说,能够施舍给他一碗饭吃就仁至义尽了,哪里肯愿意再重新生火为他们热一热? 孔子师徒也就是在这种"冷遇"下再度"动箸"。这就是"冷饭店"的来历。想来悲凉:尊重知识,尊重人才,这是古代多少读书人的梦想啊!

"问十",在《论语》中有这样的记载:长沮、桀溺耦而耕。孔子过之,使子路问津焉。长沮曰:"夫执舆者为谁?"子路曰:"为孔丘。"曰:"是鲁孔丘与?"曰:"是也。"曰:"是知津矣!"问于桀溺,桀溺曰:"子为谁?"曰:"为仲由。"曰:"是鲁孔丘之徒与?"对曰:"然。"曰:"滔滔者,天下皆是也,而谁以易之？且而与其从辟人之士也,岂若从辟世之士哉?"耰而不辍。子路行以告。夫子怃然,曰:"鸟兽不可与同群。吾非斯人之徒与而谁与？天下有道,丘不与易也。"(微子第十八)

这个小故事就是"问十"地名的来历,原名"问津",但通过这次询问"闻一知十",看到了不同的人生主张,可谓言近旨远,地名虽微,意义影响深远。

孔子有时也对自己的思想行为提出一些怀疑,甚至也提出"道不行,乘桴浮于海"。但孔子还是执着地追求"内圣外王、修齐治平"的理想。

六、杏坛从教

孔子六十八岁时,鲁哀公十一年(前484),齐师伐鲁,孔子弟子冉有率领鲁国军队与齐国作战,获胜。鲁国权臣季康子问冉有原因,冉有趁机推介老师孔子。季康子派人"持币"迎候孔子归鲁。孔子终于结束十四年周游列国颠沛流离的生活回到故土。

孔子回国后,仍不受重用。不过生活环境改善不少,可以杏坛传教,至少衣食无忧,每天以讲学和整理文献为主。在寂静中坚守,在坚守中感悟,亦在感悟中一次次"目送":

六十七岁,孔子夫人亓官氏卒。

六十九岁,孔子的儿子孔鲤卒。

儿子死后不到一年,情同父子的得意门生颜回早逝,年仅三十二岁。接下来,跟随他时间最长的弟子子路又在他国的一场内乱中被杀。

白发人送黑发人,孔子终于在一次次"目送"的伤痛中病倒。他生前吟唱的最后一支歌是:"泰山其颓乎！梁木其坏乎！哲人其萎乎！"(《礼记·檀弓上》)

七天之后,孔子竟也与世长辞。

"吾十有五而志于学,三十而立,四十而不惑,五十而知天命,六十而耳顺,七十而从心所欲不逾矩。"(为政第二)

这是我们熟悉的名句:知易行难。若能够实现这句话,犹为真正是难！

◎ 学思知行

孔子的学思。孔子之所以伟大,在于生无所息,终生孜孜以求的理想信念。一息尚存,不落征帆。正如他自己所说的"发愤忘食,乐而忘忧","高山仰止,景行行止",他一生都在思学、研学、求学、志学、治学,沿着大道之行,向着高山前进,而他最后把自己成就了一座高山,虽然不甚陡峭,但已让人无法企及,目前,尚无人超越。

房龙在《人类的故事》中高度评价孔子:"热爱国家和人民的孔子,试图挽救人民。他并不相信暴力,他是一个很平和的人。他不认为给人们制定许多新的法律就能够改变他们。他知道唯一可能的解决办法就是内心的改变。于是他开始着手从事一项似乎没有希望的工作,就是改变居住在东亚平原上的百万同胞的性格……孔子几乎是伟大的精神领袖中唯一没有见过神示,也没有宣称自己是某一神圣力量的使者,更没有宣扬自己是个接受过上天启示的人。"①

孔子的表率。"天不生仲尼,万世如长夜。"(《朱子语类》卷第九十三)这句话虽然不免有些夸张,但表达了无数后来人对孔子的敬仰之情,崇拜之意。窃以为,蔡元培评价孔子最为中肯,他说,孔子学问、文章政治事业,朗如日月,灿如星辰,果足为万世师表。

作为青年人,在学习践行《论语》中,既要高山仰止,更要追根溯源,从孔子平凡的人生中看出他的不平凡。孔子并不是"生而知之者",他出身"草根",更是历经坎坷悲辛。但他善于在颠沛流离中苦苦坚守自己的信念,并矢志不渝。孔子一生好学,虚心向人求教,而他凭借着"不厌"的精神,成为一座自己的或他人的高山。

孔子的自省。可以成就高山巍峨的,是执着守护一颗向上和百折不挠的心灵。孔子做到了更为最好的自己,这是他了不起的自知、自省。他是真的不容易,真的、真的不容易。

向他学习最不能忽视的,先做最好的自己。

高山仰止,景行行止。

---

① ［美］亨德里克·威廉·房龙:《人类的故事》,高源译,陕西师范大学出版社2007 年版,第 189 页。

第二问
何为本

有子曰："其为人也孝弟，而好犯上者，鲜矣；不好犯上而好作乱者，未之有也！君子务本，本立而道生。孝弟也者，其为仁之本与？"（学而第一）

子不语怪力乱神。（述而第七）

子曰："君子不重则不威，学则不固。主忠信，无友不如己者，过则勿惮改。"（学而第一）

厩焚。子退朝，曰："伤人乎？"不问马。（乡党第十）

季路问事鬼神。子曰："未能事人，焉能事鬼？"曰："敢问死。"曰："未知生，焉知死？"（先进第十一）

子曰："其身正，不令而行；其身不正，虽令不从。"（子路第十三）

子曰："苟正其身矣，于从政乎何有？不能正其身，如正人何？"（子路第十三）

子曰："参乎，吾道一以贯之。"曾子曰："唯。"子出，门人问曰："何谓也？"曾子曰："夫子之道，忠恕而已矣。"（里仁第四）

一、"本"与初心

"不忘初心，方得始终"是当下流行的一句话。

"靡不有初，鲜克有终。"这是古人常说的一句话。

每个人都有一个自己的起点，有的父母为了让孩子赢在起跑线上不惜下大本钱，但谁能够预见自己有个完美的结局？这是一个值得深思的问题！

（亦如莎翁笔下的"生存还是毁灭？"）有的人少年得志时，出身名校门，留学欧美路，一路走来过关斩将路路通，年纪轻轻跻身高位，但是，刚过四十就折戟沉沙。何者？因为忘本而迷失在权力的无常游戏中。有的人默默无闻，一步一个脚印，虽然历经艰难曲折，最终能够成就自我，实现人生理想。

其实世界万物，本身就是千差万别的。如同树木，即使同一物种生在同一片土地，开花结果也不尽相同。少年得志好，还是大器晚成佳？说到底，似乎后者走得更坚实，也更为长远。

作为个体的人，以何为本？

现在流行的另一句话："立身之本，成事之基。"对此，许多人提出很多看法，比如网络上的标题有："道德品行是我们立身之本，处世之基，成事之道"，"自律立身之本，成事之基"，"学习，立身之本，成事之基"等。

孔子弟子有子把"人之本"归纳为两个字："孝悌"！

孝悌在中国是一个重要的文化内涵，宋代朱熹注解为："善事父母为孝，善事兄长为弟。"简而言之，"孝"就是孝敬父母，"悌"意思为顺从兄长。但这种孝悌并不是"单向"的命令，而是"双向"的交流互动，所谓"父慈子孝，兄友弟恭"。

所谓"慈"，《说文解字》中说："慈，爱也。"由"慈爱"进而到"仁慈""慈善"之境。"慈"指上对下、长对幼的爱。《周礼》中云："一曰慈幼。"《管子》中说："慈者，父母之高行也。"《贾子》中说："亲爱利子谓之慈，恻隐怜人谓之慈。"父母对儿女付出了慈爱，儿女在父母年老的时候"反哺"父母，所谓"你养我长大，我陪你到老"，就是人世间最最美好的温情。哥哥对弟弟友爱，弟弟自然亲近兄长，向兄长讨教人生道理，听取人生建议，一切都是水到渠成。在一个和谐友爱之家，这种良性互动是一个家族繁衍壮大的基础。

"其为人也孝弟，而好犯上者，鲜矣；不好犯上而好作乱者，未之有也！"（学而第一）也正是这种良好和谐的家庭关系，是个人成长的基石，是家族繁衍的良好基础。有子对此进一步解释说："君子务本，本立而道生。"

南怀瑾先生认为："学问的根本，在培养这个孝悌，孝悌不是教条。换句话说，培养人性光辉的爱，'至爱''至情'的这一面，所谓'孝弟也者，其为人之本与。'他说这个是'人'的本。"①

这种"至爱""至情"就是人之初心，就是人之根本，亦如同罗素所言"对人类苦难不可遏止的同情心"。

现代犯罪心理学研究表明，犯罪行为人正是缺少这种至情、至爱和共情，而这种原因除了犯罪行为人个体的原因外，还在于主要的家庭因素："犯罪行为和其他行为障碍产生的根源是家庭，而且通常是那些充满矛盾冲突、教养方式不当或有不良榜样的家庭。""违法的儿童或青春期少年在他们的生涯中遵循这不同的发展路径。有些儿童在很小的年纪就开始出现固执、蔑视和不服从的行为，慢慢发展为轻微的暴力行为，然后发展出青春期和成年早期的严重暴力和犯罪行为。"②

当然，父母兄长给予的"爱"要适度。有人说："有一种冷，是妈妈认为你很冷！"中国式父母的过度关怀，也常常让孩子感觉不适应或者先天发育不良。应该看到，中国传统式父母的"绝对权威"是绝对包办，"万能家长"不利于孩子的未来发展。对于父母兄长而言，以身作则，率先垂范，胜过千言万语的严要求和各种鸡汤喂养模式。

著名学者成中英认为："儒家伦理哲学是以人心、人性为德性的根源，而非以权利和责任为行为的基础，故对于人之所应行或不应行应以个人所处的地位、关系以及人心的情操来决定……人与人之间关系启发出来的个人德行，此可名之为'对应德行'。"③钱穆先生更是坦言："孔子教人学为人，即学为仁。《论语》常言仁，欲识仁字意义，当通读《论语》全书而细参之。"又说："此心修养成德，所指极深极广。由其最先之心言，则是人与人间之一种温情与善意。发于仁心，乃有仁道。而此心实为人性所固有。其先发而可见者为孝弟，故培养仁心当自孝弟始。孝弟之道，则贵能推广而成为通行于人群之大道。"④

①　南怀瑾：《论语别裁》，复旦大学出版社1996年版，第20页。

②　[美]柯特·R.巴托尔，安妮·M.巴托尔：《犯罪心理学（第11版）》，李玫瑾等译，中国轻工业出版社2019年版，第115、213页。

③　成中英：《文化·伦理与管理——中国现代化的哲学省思》，贵州人民出版社1991年版，第150、151页。

④　钱穆：《论语新解》，生活·读书·新知三联书店2005年版，第7页。

总之，培养爱，爱上爱，这就是初心，是为人之本。

二、"忠信"乃立身之本

"本"，在《说文解字》中这样解释："木下曰本。从木，一在其下"。树高千尺不忘根，水流万里常思源。人生如树，根深方能叶茂。立身正直，才能高耸入云。取而成材，可以制造万方。福禄如水，德泽绵长；正本清源，才能财源茂盛通三江。水善利万物而不争，故天下莫能与之争。

孔子没有大谈"本"或者"初心"这些抽象的概念，他总是把人生道理归结为具体行动，因此，他谈到的立身之本是"主忠信"！孔子多次强调："道千乘之国，敬事而信"，"弟子入则孝，出则弟，谨而信，泛爱众，而亲仁"，"与朋友交言而有信"，"笃信好学，守死善道"，"人而无信，不知其可也"，等等。曾子据此引发提出的每日"三省"："为人谋而不忠乎？与朋友交而不信乎？传不习乎？"

北京行政学院艾弘教授认为，"忠信"意为"忠诚守信"。"忠"是指对人对事竭尽全力，"信"则是恪守承诺、诚实无欺，所谓"尽心于人曰忠，不欺于己曰信"。在传统意义上，"忠"主要体现为个人主体的自我要求，彰显了对人、对事真诚无私、竭心尽力、忠于职守、兴利于民、献身国家等精神实质。

古人把"仁义礼智信"作为"五常"。"三纲五常"曾是新社会批判的对象。"三纲"作为封建的衣钵应加以批判，而"五常"指人类五种恒常的本质，一定程度上仍可作为现代社会人际关系的黄金法则，通行世界的解码。

忠信不是他求，而是修身自立。曾子说："吾日三省吾身：为人谋而不忠乎？与朋友交而不信乎？传不习乎？"（学而第一）"忠信"是君子每日三省其身的重点，而忠信的本质就是"正身""正身正行"，以利他之心生活，就是最好根基。

孔子又说："主忠信，徙义，崇德也。"在他看来，以忠信为原则，努力去践行，就是增进德行。儒家思想多从立德修身的角度畅谈忠信，但这种行为需要融入社会才能明白其意义，而社会中人与人交往的基石就是在此维度上展开的。

作为法家的先驱，管仲同样提倡以人为本，重视道德教育的基础作用，但他更强调依法治国,强调正义的王道精神。《管子》从社会的角度,提出忠信就是"王道":"身仁行义,服忠用信,则王。"(《管子·幼官》)忠信也是与人交往的准则。"忠信者,交之庆也。"(《管子·戒》)"近者示之以忠信,远者示之以礼义。行此数年,而民归之如流水。"(《管子·霸形》)对身边人显示出忠信,对远方的人显示礼义,如此数年,百姓自然如潮水一般涌来。自然,《管子》强调赏罚分明:"严刑罚,则民远邪;信庆赏,则民轻难。"

因此,忠信对个体和对社会整体,都有举足轻重的意义。

"诚信"的现代意义。诚信是立身之本,立业之基。在现代价值体系中,诚信、尊重、客户第一是立身之本,也是运气之源。因此,一个人成功,应该做有价值的事情,诚信则是推动社会发展的最大价值。

本者,根源也。种瓜得瓜,种豆得豆。种下善因,必得善果。就像日本企业家稻盛和夫在《活法》中说:"动机善则事必成!"

今日所谈的"初心",则是强调这个世界的原始本色,就像花儿绽放,树儿摇曳,风儿低吟,虫儿鸣唱,都是生命的本性使然。处身这个世界,听从内心的呼唤,做真实的自己,就是人生最大原色,正是基本初心。不汲汲富贵,不戚戚贫贱,天然自安。质本洁来还洁去,于单纯中可得正道。

与"初心"相对的是"机心",《庄子·外篇·天地》言:"有机械者必有机事,有机事者必有机心。"成玄英疏曰:"有机动之务者,必有机变之心。"今日所谓"机心"即指"巧诈之心;机巧功利之心",亦如钱理群先生所言今日某些人变成的"精致的利己主义"。

趋利避害,本无可厚非,但一个人如果在机巧的路上迷失心智,就会愈走愈远愈,迷失本心,就像追风逐影,永远没有追上的那一天。减少机心,多留一份初心,人生才能保持一份本真,胸怀天真烂漫的情怀,也就重新找回"赤子之心"! 赤子之心,正是本心!

明代王阳明提出"心即理""致良知",认为世上君子,只要专心修养自身道德品质,就能够公正地辨别是非善恶,就是对初心本心的一种追求。

三、"以人为本"的终极关怀

厩焚。子退朝,曰:"伤人乎?"不问马。(乡党第十)

　　孔子的马厩发生了大火,孔子没有问财产遭受的损失,而是先追问"伤人乎",这是对人的关怀,也是生命高贵的一种自然表征。在《论语》这组话里,孔子显现出的这种"以人为本"思想,已成为中国儒家的核心思想之一。孔子提出的以人为本,可以分为三个层次。

(一)爱自己为始

　　以人为本敬爱生命,首先从爱自己开始。

　　"身体发肤,受之父母,不敢毁伤,孝之始也。"(《孝经·开宗明义章》)

　　《礼记》是孔子弟子曾子所著,曾子的思想是对孔子思想的继承和发展。在《礼记》中,曾子多次强调对生命本体呵护的重要性:

　　　　曾子曰:"身也者,父母之遗体也。行父母之遗体,敢不敬乎?"(《礼记·祭义》)

　　　　曾子闻诸夫子曰:"天之所生,地之所养,无人为大。父母全而生之,子全而归之,可谓孝矣。不亏其体,不辱其身,可谓全矣。"(《礼记·祭义》)

　　　　曾子曰:"身者,亲之遗体也。行亲之遗体,敢不敬乎?"(《大戴礼记·曾子大孝》)

　　《孝经》认为天地生养人为最大,只有保全身体,尊重生命,才是对父母的最大孝,也是此生最大的责任,是对生命的最高礼赞。当然,这种保全身体,不是明哲保身贪生怕死,而是对生命的敬畏。孔子提出"不使不仁者加乎其身"(里仁第四)的要求,还特别强调"正身"思想,即为了达到终极目标"仁",即使牺牲生命也在所不惜:"子曰:志士仁人,无求生以害仁,有杀身以成仁。"(卫灵公第十五)老子坦言,"民不畏死,奈何以死惧之。"视死如归,亦是仁人志士的高风亮节。

　　但在无关仁义的抉择之时,孔子还是尽其所能地体现出对生命的呵护与充分的尊重,从孔子"食不厌精,脍不厌细"的饮食作风中就可以窥见一斑。

(二)爱惜、尊重他人

　　重视自己的生命,还要爱惜和尊重他人的生命权。这就是孔子马厩失火不问马而问人的原因。在封建时代，统治者视百姓生命特别视下等奴隶如草芥，管理马厩的人多是奴隶或者仆人，孔子在自己的马厩失火，没有询问自己的财产损失，而是询问同类的"人"，所以孔子的这种关怀尤显出标杆意义。

孔子对于"仁"的基本界定，就是"仁者爱人"。

樊迟问仁，子曰：爱人。（颜渊第十二）

在孔子看来，这种爱人基于对于人的同情心，就是仁者。孟子把孔子的思想发扬光大，进而简化为"仁也者，人也"（《孟子·尽心下》）。

以"仁"与"人"的概念相涵，仁者与人格相互表征，这就是孔孟思想的重要基石。孟子进而形成他的"四心"观："无恻隐之心，非人也；无羞恶之心，非人也；无辞让之心，非人也；无是非之心，非人也。恻隐之心，仁之端也；羞恶之心，义之端也；辞让之心，礼之端也；是非之心，智之端也。"（《孟子·公孙丑上》）

正是基于对人生命权的尊重，孔孟反对一切"非人"的制度，最有名的就是孔子反对"人殉"这种当时习以为常的墓葬制度。他说："始作俑者，其无后乎？"这种毫不客气的发问，就是孔子对生命自由的捍卫，他不但反对以人殉葬的行为，即使用像人的陶俑替代，在孔子看来依然不能接受。

自然，对于"人"或者"民"的管理上，孔子更赞同子产的做法："其养民也惠，其使民也义"（公冶长第五）孔子一直主张"双向交流"，父子兄弟之间"父慈子孝，兄友弟恭"。对于君臣关系，孔子更是主张："君使臣以礼，臣事君以忠。"（八佾第三）对于国君与民的关系，孔子虽然没有像孟子那么激进，但还是要求统治者"己所不欲，勿施于人。"（颜渊第十二）设身处地为百姓着想，先"富民"再"教民"，是孔子为政的基本思路。

子适卫，冉有仆。子曰："庶矣哉？"冉有曰："既庶矣，又何加焉？"曰："富之！"曰："既富矣，又何加焉？"曰："教之！"（子路第十三）。

学者刘乾坤认为，孔子所主张的君权，是形式下的相对君权，是不违背民本原则前提下君主制度，反对的则是任何形式的专制君主制度。"孔子的爱人思想包含了将人当作人来统治的思想，是在承认人的地位和价值的基础上的统治,是看到了人,重视人的表现。"①

(三)敬畏之心和以人为本

在科学认知不发达的古代,孔子对虚妄的鬼神,采取"敬鬼神而远之"的态度,而把对现世的人作为终极关怀的对象,他说:"未能事人,焉能事鬼?"(先进第十一)把追求生命的意义当作第一要务,"未知生,焉知死?"(先进第十一)

这种清醒的认知和理性的务实精神,开启了中国人脚踏实地的务实传统。和印度人相比,印度人相信人心通向上天,因此把金钱用在庙宇的修建上,每座庙宇都美轮美奂,而中国人则强化现实的意义,强调"长期主义"。就像孟子描述的那样,"五亩之宅,树之以桑",通过勤奋,实现勤劳致富的突进,到了人生晚年衣帛食肉,斑白者不负戴于道路。所以,想要富,先修路,就是现实的生存意义。

至于有人以此认为,孔子就是唯物主义者,我们不敢苟同。孔子对于未知世界,因为未知而心存敬畏,但并没有一概否定。

杨伯峻先生在《试论孔子》中据此说,"孔子是不迷信的","孔子是怀疑鬼神的存在的"②。他进而判定,孔子怀疑甚至否认鬼神的存在,乃是中国学者和主流社会的共性认识。

《论语》中有孔子与弟子的两段对话:

> 樊迟问知,子曰:"务民之义,敬鬼神而远之,可谓知矣。"(雍也第六)
> 季路问事鬼神。子曰:"未能事人,焉能事鬼?"曰:"敢问死。"曰:"未知生,焉知死?"(先进第十一)

从文本意义看,对于死后和鬼神,孔子并没有否定鬼神的存在,但是没有做出正面的回答,就转而强调"生"的意义。孔子认为"死事难明,语之无

---

① 刘乾坤:《孔子的民本思想探析》,载《周口师范学院学报》2013年第6期,第102页。
② 杨伯峻:《杨伯峻学术论文集》,岳麓书社1984年版,第244、248页。

益",在《说苑·辨物》篇中,针对子贡问死人有知无知,记述了这样的言语:

> 吾欲言死者有知也,恐孝子顺孙妨生以送死也。欲言无知,恐不孝子孙弃不葬也。赐欲知死人有知将无知也,死徐自知之,犹未晚也。

《礼记·檀弓上》中同样记载了一段孔子论死后"有知无知"的话:

> 之死而致死之,不仁而不可为也。之死而致生之,不知而不可为也。是故竹不成用,瓦不成味,木不成斫,琴瑟张而不平,竽笙备而不和,有钟磬而无簨虡。其曰明器,神明之也。

孔子对于死与鬼神,因为自己所不明又难明,故而"子不语怪力乱神",但是,对于一种未知存在,依然心存敬畏。"聪明正直谓之神",这是先哲对于"神"的界定。而聪明正直的神,自然能够体察民间疾苦,知道政令得失。钱穆先生认为"敬鬼神"就是"敬民","鬼神之祸福,依于民意之从违。故苟能务民之义,自能敬鬼神,亦自能远鬼神,两语当连贯一气读,敬鬼神,即所以敬民"[1]。

学者朱俊艺认为:"用礼来敬事鬼神,甚至还被认为是礼之起源。礼的直接目的,就是用来敬事鬼神","现世的礼制,都是源于圣人法则天地鬼神而来"。"'未能事人,焉能事鬼'的具体之义可以总结为:未能事人以忠孝,就不能以之事鬼神。反之,能事人以忠孝,则亦可以忠孝事鬼神。"[2]

综上,何谓本?就是人为本,人包含个体的自我,还有作为同类的"他人",而初心就是人之至情至性,起源于爱,达成于仁,体现孝悌忠信,并由此推及他人社会。

---

[1]　钱穆:《论语新解》,生活·读书·新知三联书店2005年版,第157页。
[2]　朱俊艺:《从"未能事人,焉能事鬼"探析孔子的鬼神观》,载《南京大学学报(哲学·人文科学·社会科学)》2012年第2期,第108页。

◎ 学思知行

以人之本。毛泽东同志说,人的生命是最可宝贵的,身体是革命的本钱。这种本我教育的核心,就是热爱生命,热爱生活。以人为本敬爱生命,包含对他人生命的尊重。

立身之本。对个体的人来说,仁爱与忠信是立身之本,仁爱之本在"孝悌",然后推己及人,兼济天下的爱心,忠心和诚信。对于国家而言,以人为本,以信为基,是一个国家"压舱石"和"奠基石"。纵观历史,从刘邦的约法三章,到清康熙帝时的"永不加赋",无不证明"人民就是江山"的永恒定律。凡是爱护百姓的朝代大都立国长久,视百姓如草芥的残暴政权大多短命,历史自有其因果律,本就是因。凡事必有因果,小而言之,正如"积善之家,必有余庆,积不善之家,必有余殃"。

善心之本。本者,善心善道也! 你可以看见颜回:"一箪食,一瓢饮,在陋巷,人不堪其忧,回也不改其乐。"

你可以看见那个像"丧家之犬"的孔子,虽然"饭疏食,饮水,曲肱而枕之",依旧"乐在其中",高歌着:"不义而富且贵,于我如浮云!"

你可以看见陶潜:"环堵萧然,不蔽风日,短褐穿结,箪瓢屡空,晏如也。"

你可以看见杜甫:虽然"床头屋漏无干处,雨脚如麻未断绝",但依然高唱"安得广厦千万间,大庇天下寒士俱欢颜,风雨不动安如山"!

在粗糙尖利的现实面前,在时时痛楚的体验里,他们依然保持一种从容淡定,并不时迸发出奔放的激情和对未来的火热希冀,这是一种崇高,一种博大,一种无言的幸福。

初心之本。诗人曾卓说,年轻时遥望六十岁,就像遥望一个异国的"港口",当你历经风高浪急、惊涛骇浪抵达时,回望十七岁,就像回望烟雨迷离的"故乡"。人生是一场旅行,天地为逆旅,每个人都是行人,行走在路上,不必匆匆赶赴下一个目的地,而是慢慢走,静静欣赏。不要因为贪念那个"港口",迷失了应有的风景,丢掉了自己的初心。

陶潜说:"千秋万岁后,谁知荣与辱。"他拒绝名利的诱惑,超越物化的追求,最后,又超脱生命的悲喜:"亲戚或余悲,他人亦已歌。死去何所道,托体同山阿。""纵浪大化中,不喜亦不惧。应尽便须尽,无复独多虑。"一树繁华落尽,没有大喜,也没有大悲,只有宁静如一池春水,面对永恒的时空。

在寂寞之中的坚守,在沉默深处的抗争。怀揣着卑微而又崇高的梦想,萌动着化卑微为高贵的渴望,在浅唱低吟之后就是灵魂深处的勃发,这就是"本",是生命的心灵本真和自我超越!

第三问
何为仁

颜渊问仁。子曰:"克己复礼为仁。一日克己复礼,天下归仁焉。为仁由己,而由人乎哉?"颜渊曰:"请问其目。"子曰:"非礼勿视,非礼勿听,非礼勿言,非礼勿动。"颜渊曰:"回虽不敏,请事斯语矣。"(颜渊第十二)

仲弓问仁。子曰:"出门如见大宾,使民如承大祭;己所不欲,勿施于人;在邦无怨,在家无怨。"仲弓曰:"雍虽不敏,请事斯语矣。"(颜渊第十二)

樊迟问仁。子曰:"爱人。"问知。子曰:"知人。"(颜渊第十二)

司马牛问仁。子曰:"仁者,其言也讱"。曰:"其言也讱,斯谓之仁已乎?"子曰:"为之难,言之得无讱乎?"(颜渊第十二)

樊迟问仁。子曰:"居处恭,执事敬,与人忠。虽之夷狄,不可弃也。"(子路第十三)

子张问仁于孔子。孔子曰:"能行五者于天下为仁矣。""请问之。"曰:"恭、宽、信、敏、惠。恭则不侮,宽则得众,信则人任焉,敏则有功,惠则足以使人。"(阳货十七)

子贡曰:"如有博施于民而能济众,何如? 可谓仁乎?"子曰:"何事于仁? 必也圣乎! 尧舜其犹病诸。夫仁者,己欲立而立人,己欲达而达人。能近取譬,可谓仁之方也已。"(雍也第六)

子曰:"巧言令色,鲜矣仁。"(为学第一)

子曰:"人而不仁,如礼何? 人而不仁,如乐何?"(八佾第三)

子曰:"里仁为美。择不处仁,焉得知?"(里仁第四)

子曰:"不仁者不可以久处约,不可以长处乐。仁者安仁,知者利仁。"

（里仁第四）

　　子曰："唯仁者能好人，能恶人。"（里仁第四）

　　子曰："苟志于仁矣，无恶也。"（里仁第四）

　　子曰："知者不惑，仁者不忧，勇者不惧。"（子罕第九）

　　子曰："志士仁人，无求生以害仁，有杀身以成仁。"（卫灵公十五）

　　子曰："富与贵，是人之所欲也，不以其道得之，不处也；贫与贱，是人之所恶也，不以其道得之，不去也。君子去仁，恶乎成名？君子无终食之间违仁，造次必于是，颠沛必于是。"（里仁第四）

　　子罕言利，与命与仁。（子罕第九）

　　子曰："刚、毅、木、讷，近仁。"（子路第十三）

　　子曰："当仁，不让于师。"（卫灵公十五）

　　"仁"在《论语》中出现了104次，由此生发的成语很多，譬如"观过知仁""居仁由义""杀身成仁""见仁见智"，等等；中华文化含有"仁"的成语很多，汉辞网搜索有200多个。最熟悉的有：一视同仁、求仁得仁、为富不仁、仁至义尽、杀身成仁、志士仁人、仁义道德、取义成仁、见仁见智、仁义礼智，仁同一视、居仁由义、假仁假义、观过知仁、仁义之师、仁心仁术、亲仁善邻、仁人义士、止戈兴仁、发政施仁、仁心仁闻、大仁大义、仁义之师、当仁不让、宅心仁厚、依仁游艺、麻木不仁、不仁不义、妇人之仁，等等。

　　"仁"最初一律为褒义词，但后来也出现不少"伪君子""假仁假义""麻木不仁"之贬义词汇，人们对"仁"也开始有不同思索。

一、"仁"者宅心，人心之道

　　孔子没有给"仁"下具体定义，和孔子一以贯之的原则方式一样，他很少谈抽象的概念，而是强调具体的行动。行胜于言，不厌其烦地劝说弟子用心，更要用行动身体力行成为仁者。

　　孔子在回答樊迟提问时，首先提出"仁者爱人"的思想。钱穆先生认为："孔子教人学为人，即学为仁。《论语》常言仁，欲识仁字意义，当通读《论语》全书而细参之。今试粗举其要。仁即人群相处之大道，故孟子曰：'仁也者,人也。合而言之,道也。'然人道必本于人心,故孟子又曰:'仁,人心也。'本于此心而有此道。此心修养成德,所指极深极广。由其最先之心言,则是人与人之间之一种温情与善意。发于仁心,乃有仁道。而此心实为人性所固有。其先发而可先见者为孝弟,故培养仁心当自孝弟始。"①

人心之道发于爱人,行始孝悌,终于点化生命,成就完善的人。学者黎佳晔、王玉琴认为:"作为儒家学派创始人的孔子,不但承担起点化生命的天职,更是以'生'治学,以'仁'立道,启迪民智、广播慧种,为中华民族的文化发展奠定了深厚的基础。以生命化的眼光重新审视孔子,以活泼泼的生命去感悟孔子'仁'道的天趣,重拾对孔子这位圣师的敬畏,无论是对个人还是整个民族都是有益无害的。因而要真正去理解'仁'道,需要付诸全然的生命。"②

孔子不是演说家,而是身体力行的践行者。在他看来"巧言令色,鲜矣仁"(学而第一),他是坚实的行动派,"刚、毅、木、讷,近仁"(子路第十三),努力践行认知并自我改造成就"仁者"。日本学者子安宣邦认为:"孔子只是劝说弟子们要成为君子,成为自觉的行为者。而这种目标自身,或者说这种理念自身,孔子称之为'仁'。"③

孔子言不离仁,行不违仁,但又没有给"仁"以确实的意义,这让后来学者争论不休,注解越来越多,人们反而无所适从。其实本其源头,不过如孟子所言仁者人心,人心向善,自然善心善行;与人为善,自然积善成德。只是后人拔高附会太多,反而舍本逐末。

朱熹在《论语集注·学而》中注释:"仁者,爱也之理,心之德也。"又说:"天地以生物为心者也,而人物之生,又各得夫天地之心以为心者也。故语心之德,虽其总摄贯通,无所不备,然一言以蔽之,则曰仁而已矣。"(《朱子文集·仁说》)在朱熹看来,仁是"天地之心",人以为心,行之成德,就是仁。但

① 钱穆:《论语新解》,生活·读书·新知三联书店 2005 年版,第 7 页。
② 黎佳晔、王玉琴:《孔子"仁"道范畴探微》,载《盐城师范学院学报(人文社会科学版)》2017 年第 5 期,第 24 页。
③ [日]子安宣邦:《孔子的学问——日本人如何读〈论语〉》,吴燕译,生活·读书·新知三联书店 2017 年版,第 50 页。

这种仁过于宏大,难以企及,也就难以被世人接受和实践。

孟子也有"仁心仁闻"之说,他说:"今有仁心仁闻,而民不被其泽,不可法于后世者,不行先王之道也。"《孟子·离娄上》,在孟子看来,有仁慈之心,才能泽被后世。孟子把仁和义结合起来,把仁义礼智并称,但"仁"是人安身立命的根基,是人的精神家园和生命的支撑点,是人最高的道德理想和行为原则;而"义"是人为人处世处理各种社会关系行为的最高准则,是实现人之为人基本价值的正路。"仁,人心也;义,人路也。舍其路而弗由,放其心而不知求,哀哉!"(《孟子·告子上》)"人皆有所不忍,达之于其所忍,仁也;人皆有所不为,达之于其所为,义也。人能充无欲害人之心,而仁不可胜用也;人能充无穿逾之心,而义不可胜用也。"(《孟子·尽心下》)

钱穆先生认为:"仁偏在宅心,义偏在应务。仁似近内,义似近外。此后孟子常以仁义连说,实深得孔子仁礼兼言仁知兼言之微旨。"①

王阳明后来提出"心即理",认为世上君子,只要专心修养自身道德品质,就能够公正地辨别是非善恶,实现"无心外之理、无心外之物":

> 身之主宰便是心,心之所发便是意,意之本体便是知,意之所在便是物。如意在于事亲,即事亲便是一物;意在于事君,即事君便是一物;意在于仁民爱物,即仁民爱物便是一物;意在于视听言动,即视听言动便是一物。所以某说无心外之理,无心外之物。
> (王阳明《传习录》)

"仁民爱物"语出孟子:"君子之于物也,爱之而弗仁;于民也,仁之而弗亲,亲亲而仁民,仁民而爱物。"(《孟子·尽心上》)对人亲善,对物爱惜,推己及物兼济天下,则是孟子一贯主张。王阳明则重视"万物一体"的融入精神,具有很大的开拓意义。

但在王阳明之后,一些文人逐渐变成"八股先生",走向了孔子倡导仁义的反面:道貌岸然、假仁假义,"无事袖手谈心性,临危一死报君王"(《颜元

---

① 钱穆:《论语新解》,生活·读书·新知三联书店2005年版,第94页。

集·学辨一》），其结果，或者呈现出"妇女态"或者放纵为"花和尚"（梁启超语），梁启超对此深恶痛绝："总之晚明政治和社会所以溃烂到那种程度，最大罪恶，自然是在那一群下流无耻的八股先生，巴结太监，鱼肉人民。我们一点不能为他们饶恕。却是和他们反对的，也不过一群上流无用的八股先生，添上几句'致知格物'的口头禅作为幌子，和别人闹意见闹过不休。"①

孔子深恶痛绝的"巧言令色"，却逐渐成为后世一些文人标榜鼓吹自己的重要利器，最后由"假仁假义"演变成"麻木不仁"，这自然与孔子倡导的仁义精神相背离。

行胜于言，这是孔子无言的诠释！

二、为仁即成人，成就巍峨的人

正像孔子看见泰山发出"巍巍乎！"一样，仁者乐山，成为巍峨的山，就是仁者的终极目标。

孔子对抽象的"仁"不加任何阐发，只是一次次地提出成就"仁"的路径：首先从"仁者爱人"出发，从孝悌安家到兼济天下。然后用"礼"不断地约束自己，规范他人，在孔子看来，尊礼守礼就是一场严格的修行："克己复礼为仁"。

谦谦君子，彬彬有礼。当然，如果只有礼的形式，而无仁的实质，同样毫无意义。"人而不仁，如礼何？"仁者爱人，生命有了爱，便更加富有。但爱人初心，还是从思想深处强化宗法血缘纽带出发，所谓"孝弟也者，其为仁之本与？"（学而第一）因为仁道充盈其身，忠信等行为才具有源动力。孝悌是行仁的出发点，也是"依仁游艺"的根据地。

为了达成目标，孔子进一步把"仁"细化为五个字："恭、宽、信、敏、惠。""恭""宽""慧"以待人，"信""敏"以律己。"宽"以待人，严以律己，用"仁人志士"的基本要求来要求自己，他甚至还提出更为具体的细则："非礼勿视，非礼勿听，非礼勿言，非礼勿动。"其基本的原则，或者被称为处世的黄金法则是："己所不欲，勿施于人。"

---

① 梁启超：《中国近三百年学术史》，商务印书馆 2011 年版，第 4 页。

学者黎佳晔、王玉琴认为,由内而外,"礼"与"仁"的关系也是孔子十分注重的。子曰:"人而不仁,如礼何? 人而不仁,如乐何?"(八佾第三)孔子将"礼""乐"同"仁"紧密地联系起来,"礼""乐"作"仁"的外在显现,既展现着"仁"所反映的人内心的道德情感要求,同时也对"仁"起着规范和制约作用。①

"仁者"不只是讲究个人的修为,而是达成一种"普渡":"己欲立而立人,己欲达而达人。"乐善好施,博施济众,就是行为目的。

"仁者"要达成一致目标,须拥有"刚、毅、木、讷"。"刚",就是"方正、强劲"的意思,正如林则徐名联:"海纳百川,有容乃大;壁立千仞,无欲则刚。""毅"是"诚信诚意有毅力",曾子曰:"士不可以不弘毅,任重而道远。""木"在现代被视为"呆笨、不灵敏",但在孔子看来,要想达成"仁",必须有"木"之精神:"唯上智与下愚不移!"

无独有偶,《庄子》中有"呆如木鸡",可谓殊途同归:

> 纪渻子为王养斗鸡。十日而问:"鸡已乎?"曰:"未也,方虚憍而恃气。"十日又问,曰:"未也,犹应向景。"十日又问,曰:"未也,犹疾视而盛气。"十日又问,曰:"几矣。鸡虽有鸣者,已无变矣,望之似木鸡矣,其德全矣,异鸡无敢应者,反走矣。"(《庄子·外篇·达生》)

"木"不是呆瓜,而是一种坚守,是孔子推崇的一种极致:"唯上智与下愚不移!""讷"是不善言辞,是"木"的外化形式。孔子认为一味讲究语言技巧的人会陷入"华而不实",难达到更高追求,"巧言令色,鲜矣仁"。喜欢说漂亮话的人常常两面三刀,如老子所言"美言不信,信言不美",庄子更是一针见血地说:"好面谀人者,亦好背而毁之。"仁者不会两面三刀,而是"能好人,能恶人",立场坚定爱憎分明,为了追求仁,可以"当仁,不让于师"。

当仁者达到更好的境界的时候,才能做到:"苟志于仁矣,无恶也!"为何

---

① 黎佳晔、王玉琴:《孔子"仁"道范畴探微》,载《盐城师范学院学报(人文社会科学版)》2017 年第 5 期,第 26 页。

如此，因为他认识到"善恶是非"不过是事物的两面。一个人不论是好人、歹人，还是善人、恶人，还是忠臣、奸臣，还是友人、敌人，等等，是可以相互转化的。

从一定意义上说，人是善变的动物，正如白居易诗曰："周公恐惧流言日，王莽谦恭未篡时。向使当初身便死，一生真伪有谁知！"因此，你不必怨，不必恶，无须喜，无须悲，认清就好！

三、行在路上：求仁得仁有何怨

"子罕言利，与命与仁。"（子罕第九）

意思是说，孔子很少谈论利益，但赞成"天命"和"仁"。孔子认为，不知命，无以成君子。只有知道自己的使命，勇敢去追求，才能达成"求仁得仁"。

"高山仰止，景行行止。"孔子一生践行对"仁"的追求。从五十五岁到六十八岁，孔子一直行走在路上。余秋雨在《中国文脉》中这样评价孔子："孔子对我们最大的吸引力，是一种迷人的'生命情调'——至善、宽厚，优雅、快乐，而且健康。他以自己的苦旅，让君子充满魅力。"①

追求路上，总有着无尽的考验。你可以在《圣经》上读到，你可以在佛经上读到，抑或想想那个唐三藏，虽然未必一定要经历九九八十一难，但栉风沐雨、筚路蓝缕，披星戴月、夜以继日，翻山越岭、跋山涉水总是少不了的，这是成功者的"标配"。坚持，坚持就是唯一的肌肉记忆。

日日行，不怕千万里；常常做，不怕千万事。再长的路，一步一步就能抵达；再多的事，只要坚持就可以完成。知是行之始，行是知之成。追求"仁"就是生命的一场觉醒，行仁则是一场"路漫漫其修远兮"的一种人生修行。

"君子无终食之间违仁，造次必于是，颠沛必于是。"孔子提出的"仁"，并不是宏大的道场，而是一种执着的追求，一种使命，或者说是一种光荣和梦想。他通过"克己复礼"，带着众人走向一条梦想之路。

李泽厚认为，"孔门仁学由心理伦理而天地万物，由人而天，由人道而天道，有政治社会而自然、宇宙。由强调人的内在自然（情、感、欲）的陶冶塑造

①　余秋雨：《中国文脉》，长江文艺出版社2012年版，第132页。

到追求人与自然、宇宙的动态同构,这就把原典儒学推到了顶峰。宇宙、自然的感性世界在这里既不是负性的(如在许多宗教那里),也不是中性的(在近代科学那里),而是具有肯定意义和正面价值的,并且具有一种情感性的色调和性质"①。"这感性世界的肯定性价值,不是上帝或者人格神所赋予,而是通过人的自觉意识和努力来达到。在这里,天大,地大,人亦大,天人是相通而合一的。"②

亚当·斯密在《道德情操论》也有同样表述:"虽然用冷静的哲学眼光来看,决定众生命运的普遍规范通常会使人们适得其所,优游其中,但是他们未必跟我们自然天性完全和谐。某些美德会引起我们天然的好感,以至于希望把所有的荣耀和报答都归于他们。"③

"仁"无疑引起孔子以及其后人"天然的好感",成为后世希望达成的具有标杆意义上的道德高地,孔子寄希望社会形成的道德风尚所在。

学者郭院林认为,孔子的仁学思想从整个结构系统来看,可概括为"孝—忠—仁—圣"这样一个从个体向外推衍的模式,孝悌是家庭范围,而忠恕则是事业层面,而仁与圣则是对社会影响层面。孔子积极入世的态度恰是"仁"学思想的实践。④ 学者孔凡青认为,孔子倡导的"仁"的观念以及形成的制度,"既是关于人的,又是为了人的,不仅整个社会可以因人与人之间的差分相合而成为秩序性的存在、构建起人们的利益共同体,更重要的是,它为个体的道德养成提供了价值指引,旨在构筑人们的道德共同体"⑤。

因为"众望所归",后世对"仁"有着不少层层加码的堆砌,以致"仁"成为一种"高大上"。层层叠加,人云亦云,"仁",逐渐变成了难以企及的金字塔!我以为,如今的我们不妨"做减法",回归孔子倡导的"仁"之本义。

"仁"在《说文解字》中这样解释:亲也。从人从二。忎,古文仁从千心。

---

① 李泽厚:《华夏美学》,长江文艺出版社 2019 年版,第 86、87 页。
② 李泽厚:《华夏美学》,长江文艺出版社 2019 年版,第 87 页。
③ [英]亚当·斯密:《道德情操论》,中国文联出版社 2017 年版,第 130 页。
④ 郭院林:《孔子"仁"学体系的基础与提升———以〈论语〉为中心》,载《常州大学学报(社会科学版)》2015 年第 4 期,第 6 页。
⑤ 孔凡青:《孔子"仁"说与儒家制度伦理的建构》,载《宜宾学院学报》2017 年第 5 期,第 74 页。

古文仁或从尸。如五代宋初徐铉注曰："仁者兼爱，故从二。"现代人说"仁者爱人"，"博爱"，在孔子看来那是圣人之境，尧舜也感慨自己难以达到。（"必也圣乎！尧舜其犹病诸？"）

因此，"仁"并不是一个我们无法企及的"高大上"，其实只是个"平凡目标"，简而言之：约束自己，亲近他人，和谐你我他！

日本人的"忍者"之说，其实是对"克己复礼"最好的注脚。日本企业家稻盛和夫在《活法》中提出两个思想，可以说基本达成"仁"的境界：其一，以利他之心生活；其二，动机善，则事必成。

当仁不让于师的，就是遇到有利他人有利社会也有利于自己的事情，就努力做好，这就是仁。

◎ 学思知行

仁爱之心。仁义慈爱的心。中国传统中的"仁爱"是与理想紧密相连的。内涵是极其丰富的。如，一名教师的"仁爱"，是教师的本爱，是教师对学生最基本的关爱。这种爱，没有血缘，没有功利，是理想、理智的爱，即大爱。医生的仁爱也是如此。

仁爱不是狭义的操守，是一种职业习惯，一种品格。人要好好生活，一方面，追逐营造富足的物质家园；另一方面，寻觅灵魂安放之所，谋设精神家园。而仁爱之心是丰满我们内心的快乐盛宴。

仁者爱人。仁爱是人心的发源地，起始点。人心由爱出发，爱遇见爱，成就人间大爱，最后，修行成为一位巍峨的人。仁爱来自生活，又高于生活。来自生活让仁爱爱人具有接地气的意义，就是"亲仁亲近他人"。高于生活则是一种更加自律的意识，即便颠沛流离也要坚守仁爱向善，这是一种崇高的追求，也是"当仁不让于师"的坚持。

爱是生命的开始，爱自己，爱亲友，爱社会，爱国家，爱世界，爱地球……

当一颗博爱的种子在心中生根发芽，我们头顶的星空会愈加灿烂。

第四问
何为道

子曰："朝闻道,夕死可矣。"(里仁第四)

子曰："士志于道,而耻恶衣恶食者,未足与议也。"(里仁第四)

子曰："参乎! 吾道一以贯之。"曾子曰："唯。"子出,门人问曰："何谓也?"曾子曰："夫子之道,忠恕而已矣。"(里仁第四)

子曰："道不行,乘桴浮于海,从我者,其由与!"子路闻之喜。子曰："由也好勇过我,无所取材。"(公冶长第五)

子曰："君子道者三,我无能焉:仁者不忧,知者不惑,勇者不惧。"子贡曰："夫子自道也。"(宪问第十四)

子曰："人能弘道,非道弘人。"(卫灵公第十五)

子曰："君子谋道不谋食。耕也,馁在其中矣;学也,禄在其中矣。"(卫灵公第十五)

"道"在中国的字眼里,比"仁"更加抽象,好像是一个非常玄虚的东西,特别是出自老子著名的语句:"道可道,非常道;名可名,非常名。无名,天地之始;有名,万物之母。故常无欲,以观其妙;常有欲,以观其徼。此两者同出而异名,同谓之玄,玄之又玄,众妙之门。"(《道德经·一章》)

"道生一,一生二,二生三,三生万物。"一下子让你逼仄得喘不过气来,让你匍匐在他脚下顶礼膜拜,我们战战兢兢,他们好像独得其乐。他们甚至自成一派,享受着方外的快乐。

其实老子也不知道什么是道,他在《道德经》中说,"吾不知其名,强名曰

'道'"。也就是说他只是隐约感觉到天地间有一种"终极真理",在预示着我们未来的道路。这个真理叫什么,他说不出来名称,只好用"道"命名。老子说不出来,还是给我们指出了寻"道"的途径,那就是:"人法地,地法天,天法道,道法自然"。

一、"道",首要是人选择追求的道路

什么是道?一般的理解"道就是路"。从"路"的意义阐发,还可以理解为"方法,凭借",进而演变为"真理",近乎老子所言的"道"。日本学者子安宣邦认为:"道还意味着一种方法,如果人们循此以行,就能够抵达目的地。更进一步说,作为人们倚赖的正确的道理,'道'意味着'正义'及'义理'。从追求者的角度看,就是'真理'。老子称此真理为'道',是宇宙最究极的根本所在。同理,人所依靠的某种重大的东西,也被称作'道'。"①

其实,在孔子的字典里,"道"并不玄虚。和老子相反,孔子毕生致力于化虚为实,化无形为有形,化抽象为具体。孔子所言的"道"主要指两种:其一,理想、境界、法则或者学说,"君子谋道不谋食",孔子一生念念不忘的,就是此类理想的境界吧。其次,"道"泛指方法、办法、路径等。孔子不厌其烦地谈及"为学之道""交友之道""忠恕之道""立身处世""政道"等。

生有何欢,死有何惧?一切自有道。对于死亡,作家史铁生在《我与地坛》中说:"死亡是一个必然的节日。"人不必"急于求成",但在孔子看来,人生的重要价值就在于"汲汲以求道",即使付出生命也在所不惜:"朝闻道,夕死可矣!"(里仁第四)正是基于这种情怀,许多仁人志士把它奉为金科玉律,即使舍弃性命也毫不介怀。

钱穆先生释云:"道,人生之大道。人生必有死,死又不可预知。正因时时可死,故必急于闻道。否则生而为人,不知为人之道,岂不枉了此生?若使朝闻道,夕死即不为枉活。因道亘古今,千万世而常然,一日之道,即千万世之道。故若由道而生,则一日之生,亦犹夫千万世之生矣。"②

---

① [日]子安宣邦:《孔子的学问——日本人如何读〈论语〉》,吴燕译,生活·读书·新知三联书店2017年版,第63页。
② 钱穆:《论语新解》,生活·读书·新知三联书店2005年版,第92页。

"人能弘道，非道弘人。"为了追求道，准确地说为了弘扬某种理想，可以"筚路蓝缕""破帽遮颜"（士志于道，而耻恶衣恶食者，未足与议也），可以"杀身成仁"，可以"朝闻夕死"，可以"不惑，不忧，不惧"。这是追求道的"终极人格"。

李泽厚先生认为，中国文化"正因为重视的不是认识模拟，而是情感感受，于是，与中国哲学思想相一致，中国美学的着眼点更多不是对象、实体，而是功能、关系、韵律"①。

这种功能、关系、韵律，体现在生命哲学上，就是一种情怀、担当、人格。

这些圣人没有给我们描绘"道"的蓝图，只是告诉我们心中有这样一个"神圣的存在"。为了这个"神圣的存在"，我们应该怎样做，不应该怎样做，首先在于我们选择和追寻的道路。每个人的选择不同，心中达成的"道场"也必然不同。

因为人生的取向不同，对"道"的阐释也就"百家争鸣"，作为"出世"的庄子，他对于"道"的论述格外亮眼。

庄子认为"道无处不在"，《庄子》一书通过一则故事"每况愈下"，道出了"道无处不在"的本质：

> 东郭子问于庄子曰："所谓道，恶乎在？"庄子曰："无所不在。"东郭子曰："期而后可。"庄子曰："在蝼蚁。"曰："何其下邪？"曰："在稊稗。"曰："何其愈下邪？"曰："在瓦甓。"曰："何其愈甚邪？"曰："在屎溺。"东郭子不应。庄子曰："夫子之问也，固不及质。正、获之问于监市履狶也，每下愈况。汝唯莫必，无乎逃物。至道若是，大言亦然。周、徧、咸三者，异名同实，其指一也。"

这一段可以这样翻译：

> 有一位叫东郭子的人，前去向庄子请教"道"的问题。庄子说：

---

① 　李泽厚：《美学三书》，安徽文艺出版社 1999 年版，第 58 页。

"我讲的'道'各处都有,无处不在。"

东郭子问:"那请您具体指明它在哪些地方,可以吗?"

庄子不假思索地回答:"在蚂蚁洞里。"

东郭子非常奇怪:"道,是很高尚的东西,怎么会存在于这么卑下的地方呢?"

庄子又说:"'道',在稗草、砖瓦碎石之中。"

东郭子说:"这不是更加卑下了吗?"

庄子进一步说:"我的'道'在屎尿之中!"

东郭子听庄子越说越低下,心里十分不高兴。

庄子这才向他解释说:"要满足您的要求,把'道'的本质说明白,就得像在集市上检查猪的肥瘦一样,愈是猪的下部,愈能看出猪的肥瘦。因为,猪腿的下部是最难长膘的,如果腿部也长满肉,其他部位当然更肥了。所以,我告诉您'道'之所在,都是卑贱的地方,这些卑贱的地方都有'道'的存在,那么'道'之存在于其他的地方,就不言自明。"

庄子认为,越卑微,越接近真实,越接近自然,也越接近"道"的本质。老子说"和光同尘,与时舒卷"。如果一个人在追求"道"的途中,讲究吃穿用度,在孔子看来,这样的人"未足与议也"。

在庄子看来,每个人心中都有"道"。"道",从字面意义上讲,就是人"首"要选择的道"路"。虽然,道路千差万别,但每条道路在一定意义上又有着共同的"道"的价值所在。

二、忠恕,由"道"到"德"的演变之路

孔子一以贯之的"道",曾子认为"忠恕而已"。"忠"就是敬事精神,为别人做事竭诚心力;"恕"则是多替别人着想,宽以待人。正如孟子所言,他人有心,予忖度之。钱穆先生说:"尽己之心以待人谓之忠,推己之心以及人谓之恕。人心有相同,己心所欲所恶,与他人之心之所欲所恶,无大悬殊。故尽己心以待人,不以己所恶者施于人。忠恕之道即仁道,其道实一本之于

我心,而可贯通之于万人之心,乃至万世以下人之心者。"①

古之学者为己,今之学者为人。世人能够秉承忠恕精神,如此践行,平和生活,这是行仁,也是"就有道"。

学者谷玛利认为,在哲学范畴上,"道"是近似于真理的普遍规律和最高法则,运用于天地自然为"天道",运用于人类社会为"人道"。但孔子很少谈"天道",而是注重"人道"。他进一步解释说:"在人生修养方面,孔子把'道'或'大道'作为毕生追求的终极目标,把'仁'作为践行和弘扬的'道'最高道德境界,他一生学道、悟道、闻道、求道、行道、乐道、弘道、传道,乃至于以身殉道,这种精神与儒家思想融合在一起,成为先秦儒家学派宝贵的精神财富和优秀的学术传统。"②

汉代之后,因为独尊儒术,儒家也着重为政治服务。儒家思想逐渐演变成为统治者立言、代言的工具,"道"也渐渐由多元变得单一起来。

儒家所倡导的王道政治,多是从亲缘伦理到政治伦理,追求由外而内的"反省"和由内而外的推广,正如孟子所云:"老吾老,以及人之老;幼吾幼,以及人之幼。天下可运于掌。"(《孟子·梁惠王上》)

这种始于孝悌之心,达到经国大业的推广,由"道"成"德",进而演变成一种重要的价值追求,《礼记·大学》中这样论述:

> 大学之道,在明明德,在亲民,在止于至善……古之欲明明德于天下者,先治其国;欲治其国者,先齐其家;欲齐其家者,先修其身;欲修其身者,先正其心;欲正其心者,先诚其意;欲诚其意者,先致其知。致知在格物。物格而后知至,知至而后意诚,意诚而后心正,心正而后身修,身修而后家齐,家齐而后国治,国治而后天下平。

这种由外而内的身省,内核在于"心正意诚",如同修炼一样先修"不坏

---

① 钱穆:《论语新解》,生活·读书·新知三联书店 2005 年版,第 98 页。
② 谷玛利:《道:孔子毕生追求的政治终极》,载《苏州大学学报(哲学社会科学版)》2019 年第 2 期,第 9 页。

不死之身",然后才能由内而外地拓展作为,齐家治国平天下。

荀子在《劝学》中云:"积土成山,风雨兴焉;积水成渊,蛟龙生焉;积善成德,而神明自得,圣心备焉。"由道成德,"道"的含义逐渐被条例化,渐变成人文社会秩序,最终成为伦理政治的终极目标,这种终极目标的蓝本出自《礼记·礼运》:"大道之行也,天下为公,选贤与能,讲信修睦。故人不独亲其亲,不独子其子,使老有所终,壮有所用,幼有所长,矜寡孤独废疾者,皆有所养。男有分,女有归。货恶其弃于地也,不必藏于己;力恶其不出于身也,不必为己。是故谋闭而不兴,盗窃乱贼而不作,故外户而不闭,是谓大同。"

儒家思想和伦理政治的相互结合相互作用,这是"共振"的结果,目的是达成符合道德规范的社会。

谷玛利认为,古人在"道"的追寻上历经了三个阶段:一是学道(求道),即所谓"君子学道则爱人,小人学道则易使","就有道而正焉,可谓好学也矣"。努力学习不仅可以纠正各种错误观念,杜绝违礼行为,还有助于确立正确的人生目标;二是谋道(行道),即所谓"君子谋道不谋食","君子忧道不忧贫",在政治上有所追求,在物质上要不断摆脱各种束缚,成为一个道德高尚的人;三是弘道(达道),即所谓"己欲立而立人,己欲达而达人",天下人共同复兴文武之道。①

"大同"世界,无疑是儒家王道政治的"理想国",这种理想国累世不见,亦如司马迁所言,其所谓"忠者不忠,贤者不贤",从一定意义上讲,光靠"道德"的作用治国,并不一定有效;必须着力于制度建设,只有强化完善制度建设,才是强国富民的必由之路。

道德有时并不可靠,特别是对于某些人来说,时移位迁,"心"可能发生动摇,"正"的根基就会轰然倒塌。"击石易得火,扣人难动心。今日朱门者,曾恨朱门深。"道德不可靠,多源自"心"的容易动摇。"正心"是艰难的修行,其艰难程度和高僧得道成佛毫不逊色。

---

① 谷玛利:《道:孔子毕生追求的政治终极》,载《苏州大学学报(哲学社会科学版)》2019年第2期,第11页。

三、人能弘道，非道弘人

孔子生前周游列国，希望实现他心中的政治理想，但他并不为各国所重用，除了儒家思想本身的过于"理想"外，还有孔子本人不愿迎合、不愿降格以求的缘故，正如孔子所言，"君子谋道不谋食""君子忧道不忧贫"！

汉代以来，儒教被尊崇，儒家思想和政治"深度结合"，孔子的思想也逐渐被利用，被堆砌，被放大，被扭曲，到现在还有多少思想符合孔子的本意？至于明清以来，其所形成的礼教逐渐成为压在人们心头的"大山"。某些人成为"道貌岸然"的伪君子，就有几分面目可憎言谈可鄙了，更非孔子所乐见！

因此，复兴国学，应该回归孔子的"本来面目"，孔子其实"很傻很天真"！他痴痴地追求梦想，任何时候都不想降格以求；他的理想国应该永远难以实现，但他还是不停地去追寻"道"、弘扬"道"，甚至想向更遥远的地方"慢溯"。子曰："道不行，乘桴浮于海，从我者，其由与！"子路闻之喜。子曰："由也好勇过我，无所取材。"（公冶长第五）

在他心中，太精明的人或者太务实的人可能都不是追寻"道"的理想伴侣，只有同样是"很傻很天真"的子路可以结伴，子路有他的勇气，却"无所取材"：他们都是现实的不得志者！孔子一生追寻"道"，努力"弘道"，但他从来没有想通过某种"道"来改善和提升自己的境遇，这大概是其处处不得志的原因吧，这也是孔子与其后代文人不同的根本原因。

学者王柏棣、王英杰认为："孔子所言的君子不以出身、血缘、地位为标准，能否成为君子在于能否通过修身成为道德典范。君子代表的是立志成为圣人并有所事功的人，或者是志道、弘道、修己安人、内圣而外王的人。孔子的君子之道需要儒者不断学习、自觉修养，从而能独善其身、依靠道德来安身立命。"①

追求大道，正道直行，是孔子一生执着。儒道佛三家常常相互佐证，如佛家所言，正念，正知，正觉，正行，方能修得"正果"。道在人心，则心魔不生，人合乎道，则清净光明。

---

① 王柏棣、王英杰：《孔子"道"的三重内涵探析》，载《社会科学战线》2018 年第 9 期，第 241 页。

孔子倡导"中庸",过犹不及,坚持适度适中原则。不过"中庸"的结果,或者可能让人陷入圆滑,甚至八面玲珑、失去自我。

每个人的"道"必然是千差万别的,我们求同存异,同样可以找到"大同"的取向价值。"道"无处不在,又殊途而同归。谷玛利对孔子评论认为:"人生的理想和信念也许最终并不能给人带来期待的结果,然而许多人仍然坚持理想追求,因为他们觉得自己身上所承载的不是个人的命运,而是历史的使命!"①

"众人嚣嚣,我独默默,中心融融,自有真乐。"当你接近"道",你已经超然于物外,何为卑微?何为富贵?何为忧愁?何为快乐?一切都是浮云!

亦如王阳明所说:"此心光明,亦复何言?"

◎ 学思知行

道可道。道,是中华民族认识自然的一个哲学名词,本义是万千事物运行的轨道,也即事物变化运动的规律。如,日月,无人点燃一直在自明;星辰,无人排列而一直有序自运;还有禽兽自生,风自动,水自流,草木自生等等皆为道存。因一切事物不约而同,统一遵循某种变化之本,无形无象,无所不包,"老子"曰"道"。道法自然,自然即是道。自然者,自,自己;然,如此,这样,那样。

道之路。人,选择的道路,也是人生的追求。道不同,不相为谋。因为不同,就会有纷争,不是西风压倒东风,就是东风压倒西风,亦或说"道高一尺魔高一丈",或者说"魔高一尺道高一丈",究竟谁是正统,各自由心。

大道如同流水,都有一定归向。众心指向的地方,就是道之所在!

对于广大青少年来说,道,就是人生要选择的一条心向光明之道。目标在正前方。真正用心做一件事,坚持直至达到自己的目标,不能遇到一点困难就放弃,把自己的道路和众人的道路以及民族的未来、家国大道充分融合起来发展,不断完善自我,那么,这种选择就是顺势而为的金光大道!

---

　　① 谷玛利:《道:孔子毕生追求的政治终极》,载《苏州大学学报(哲学社会科学版)》2019年第2期,第15页。

第五问
何为礼

　　有子曰:"礼之用,和为贵。先王之道,斯为美;小大由之。有所不行,知和而和,不以礼节之,亦不可行也。"(学而第一)

　　孔子谓季氏,"八佾舞于庭,是可忍,孰不可忍也!"(八佾第三)

　　子曰:"人而不仁,如礼何! 人而不仁,如乐何!"(八佾第三)

　　林放问礼之本。子曰:"大哉问! 礼,与其奢也,宁俭;丧,与其易也,宁戚。"(八佾第三)

　　子曰:"君子博学于文,约之以礼,亦可以弗畔矣夫。"(雍也第六)

　　祭如在,祭神如神在。子曰:"吾不与祭,如不祭。"(八佾第三)

　　子贡欲去告朔之饩羊。子曰:"赐也! 尔爱其羊,我爱其礼。"(八佾第三)

　　子入太庙,每事问。或曰:"孰谓鄹人之子知礼乎? 入太庙,每事问。"子闻之,曰:"是礼也!"(八佾第三)

　　颜渊问仁。子曰:"克己复礼为仁。一日克己复礼,天下归仁焉。为仁由己,而由人乎哉?"颜渊曰:"请问其目?"子曰:"非礼勿视,非礼勿听,非礼勿言,非礼勿动。"颜渊曰:"回虽不敏,请事斯语矣。"(颜渊第十二)

　　陈亢问于伯鱼曰:"子亦有异闻乎?"对曰:"未也。尝独立,鲤趋而过庭。曰:'学诗乎?'对曰:'未也'。'不学诗,无以言。'鲤退而学诗。他日,又独立,鲤趋而过庭。曰:'学礼乎?'对曰:'未也。''不学礼,无以立。'鲤退而学礼。闻斯二者。"陈亢退而喜曰:"问一得三,闻诗,闻礼,又闻君子之远其子也。"(季氏第十六)

孔子曰:"不知命,无以为君子也;不知礼,无以立也;不知言,无以知人也。"(尧曰第二十)

子曰:"先进于礼乐,野人也;后进于礼乐,君子也。如用之,则吾从先进。"(先进第十一)

子曰:"居上不宽,为礼不敬,临丧不哀,吾何以观之哉?"(八佾第三)

子夏问曰:"'巧笑倩兮,美目盼兮,素以为绚兮'何谓也?"子曰:"绘事后素。"曰:"礼后乎?"子曰:"起予者商也,始可与言《诗》已矣。"(八佾第三)

中国素称"礼仪之邦",但现实生活中"无礼取闹"之事时有发生。譬如说婚礼,在孔子看来,"与其奢,宁俭"。中国传统婚礼中步骤,纳采、问名、纳吉、纳征、请期、亲迎,正在一步步简化,代之以清一色的婚礼车队或者酒店里的觥筹交错。"有所不行,知和而和"固然可以,但传统的"闹新房"改为"调戏伴娘""恶搞新郎",则显得粗俗不堪了。

婚礼是喜悦的庆典,"礼之用,和为贵",让新人开开心心,快快乐乐走进婚礼殿堂,开启新的人生,自然是最美好的祝愿。礼之运用,欢喜就好!

一、礼之用,要"知和""致和"不要"违和"

有子曰:"礼之用,和为贵。先王之道,斯为美;小大由之。有所不行,知和而和,不以礼节之,亦不可行也。"(学而第一)

有子的这段文字道出了"礼"的价值和达成的目标。南怀瑾先生认为,礼要实现"中和":"一个青年一点不懂礼貌固然不对,但他一天到晚都讲礼貌,太多礼了,人家就要误会他拍马屁,所以'知和而和',对一件事,了解了它的中和之道,而去中和、去调整它。"[1]

总之,在礼仪的实施过程中,重要的是表示对人发自心底的敬意,调和人心融洽关系,由"知和"而"致和",达成其乐融融"和为贵"之境。在礼仪上不要别出心裁、大煞风景,更不要"违和",是优先知情权的尊重,是发自骨子里的尊重,否则轻者不欢而散,重者反目成仇,这明显与初心相违背,"恭

---

[1]　南怀瑾:《论语别裁》,复旦大学出版社1996年版,第47页。

近于礼,远耻辱也。"(学而第一)

钱穆先生认为,"实则礼贵和,乃在人群间与以种种调融","言礼必和顺人心,当使人由之而皆安,既非情所不堪,亦非力所难勉,斯为可贵。若强立一礼,终不能和,又何得行? 故礼非严束以强人,必于礼得和。此最孔门言礼之精义,学者不可不深求。""与人交际,当慎始,而后可以善终"。① 钱先生的话道出礼仪存在的问题:其一,某些人喜欢为了"面子",往往打肿脸充胖子,就像郭冬临的小品《有事儿您说话》,因为力不能及,常常让自己和家人受委屈,他人却对你的付出并不领情,认为你不过是举手之劳。其二,有些人抑或某些单位,喜欢用军事手段以"严"约束员工,虽然可以做到整齐划一,但单位缺少创新力和竞争力,原因在于"强人"而非激发人的潜能和内驱力。

和孔子一贯的主张一样,孔子强调的礼,首先是一种自我约束,"君子博学于文,约之以礼","敏于事而慎于言",通过"克己复礼",然后作用他人,影响社会服务国家。

金正昆教授认为,孔子的"礼"有三方面作用:"其一,孔子之'礼',具体所指的是有关治理国家的根本体制,旨在治国";"其二,孔子之'礼',具体所指的是个人自我约束、社会交往的规则,它实质上是一种个人行为范式的构建,旨在化人。在《论语》里,自我约束、自我完善,乃正人君子报效于国家的根本出发点";"其三,孔子之'礼',具体所指的是维护社会秩序的基本道理,它实质上是一种社会思维范式的构建,旨在济世"。②

"人而不仁,如礼何?"孔子一次次发问,一次次强调:"礼,与其奢也,宁俭;与其易也,宁戚。"在孔子看来,一切源自内心。礼的运用,与其豪奢,不如谨严节制;丧事与其安排得繁多,即使你做得井井有条,不如静下心来对逝者深切追忆,传承他的作为。

二、祭如在! 有文有节更要有心

在所有的礼仪中,孔子最看重丧礼和祭祀的礼仪。

---

① 钱穆:《论语新解》,生活·读书·新知三联书店2005年版,第17—19页。
② 金正昆:《孔子之"礼"新探》,载《江西社会科学》2017年第5期,第244页。

丧礼是传统中国人最为看重的礼仪。养老送终,是儿女对于父母的最后陪伴。"哀哀父母,生我劬劳",先民们用最朴素的情怀看待自己和父母的关系,从牙牙学语到蹒跚学步,无不是父母无微不至的关怀的结果;从健康成长到成家立业,无一不包含着父母辛勤的付出。

"你养我长大,我陪你终老!"

这是古人对父母最最朴素的情结。父母去世以后,在父母的坟墓旁盖个小屋,抛弃世俗活动,静静地追思,无疑是思想上返璞归真的诉求,是一场心灵的净化。但后来,因为朝廷制度有了"察孝廉",渐渐有人为了名利而在这种追思上添加"表演成分",非要在父母丧礼上"大操大办",或者宾客如云,送丧队伍庞大,或者表现出"痛不欲生""呼天号地",或者"以头抢地",甚至"哀毁骨立"等种种场面。

在孔子看来,这都有些"过":"与其奢也,宁俭;丧,与其易也,宁戚!"钱穆先生认为:"礼有内心,有外物,有文有质。内心为质为本,外物为文为末。"①礼仪是需要仪式感,但更需发自内心的真诚。心香一瓣,出乎真诚。

至于祭祀,虽然国家将"清明节""端午节"设定为法定假日,但现代人大多还是潦草应付。"心香一瓣,诚则灵。"祭祀还停留在"信"与"不信"之间。

"人而不仁如礼何!人而不仁如乐何!"仁心就是礼之本,礼可随时消亡,但心永远不变,那就是初心不改,爱心不变!人类只有充满感恩之心,敬畏之心,才能记得初心,守住初心,才能走得更远。

学者张华林认为:"孔子所开创的对人之生命存在进行思考的儒学,从本质上讲,便是一种情感哲学。真诚的情感是孔子所关注的重要内容,也是其思想体系之基石","以生命之本然的直情为奠基和归依的一切'事变',便构成了有情世间。在此世间,每个主体内流淌着的皆是至真至诚的情感血流,每一个皆是充盈着真诚情性的存在者。在这个世界里,从'情'这个角度就生命之本然而言,人之与人,是一体的。"②

日本学者子安宣邦认为:"祭祀即政事。这样以祭祀礼仪开始的'礼',

①　钱穆:《论语新解》,生活·读书·新知三联书店 2005 年版,第 55 页。
②　张华林:《论孔子情礼思想的逻辑关系》,载《重庆三峡学院学报》2019 年第 1 期,第 16、19 页。

不久,就被自觉地化为一种社会行为规范,用以维系以国家为首的社会共同体之秩序。'礼'作为礼仪被体系化了。"①

这段文字,侧面介绍祭祀礼仪生成的政治价值和社会意义,祭祀作为一项重要活动,慎终追远,对于"初心"养成有重要作用。

三、不学礼,无以立

在孔子看来,"不学礼,无以立。"礼仪是立身行事的基础,一个人的行为养成就是"克己复礼",这是求仁、行仁的重要历练。朱子这样解释"克己复礼":"仁者,本心之全德。克,胜也。己,谓身之私欲也。复,反也。礼者,天理之节文也。为仁者,所以全其心之德也。"(《论语集注》)

不难看出,朱熹的注释依然偏重于"心性",崇尚于道德,显得玄之又玄。钱穆先生对此有着精辟的关联阐发,其见解更加高妙,他说:"盖礼有其内心焉,礼之内心即仁。然则克己复礼,即是约己归仁。惟言归仁,若偏指内心,又不见功夫所在。言复礼,则明属外面行事,并有工夫可循,然后其义始见周匝。苟己之视、听、言、动能一一复于礼,则克己正所以成己,复礼亦正所以复己。于约束抑制中得见己心之自由广大,于恭敬辞让中得见己心之恻怛高明,循此以往,将见己心充塞于天地,流行于万类。天下之大,凡所接触,全与己心痛痒相关,血脉相通,而天下归仁之境界,即于此而达。"②

这段文字可谓道出了"克己复礼"的真髓,突出了"立"的内涵和意义。日本学者子安宣邦有着相同看法,他说:"'复礼',就是回复心之本性,同时也是重新建立社会原本的伦理秩序。这是一种由'复礼'的本来主义的伦理学立场出发进行的解读和解释。这一本来主义的立场,即认为心的原本状态被私欲遮蔽,而社会也被非公共性的私性搅乱,只有将这些东西连根拔除,这种本来性(天理)方能回复,进而达到社会伦理的实现。"③

---

① 〔日〕子安宣邦:《孔子的学问——日本人如何读〈论语〉》,吴燕译,生活·读书·新知三联书店 2017 年版,第 208 页。

② 钱穆:《论语新解》,生活·读书·新知三联书店 2005 年版,第 304 页。

③ 〔日〕子安宣邦:《孔子的学问——日本人如何读〈论语〉》,吴燕译,生活·读书·新知三联书店 2017 年版,第 212 页。

当然,礼仪作为上层建筑的一部分,需要建立在经济基础之上,管子说"仓廪实,然后知礼节,衣食足,然后知荣辱。"孔子和他的观点可谓不谋而合:

> 子夏问曰:"'巧笑倩兮,美目盼兮,素以为绚兮'何谓也?"子曰:"绘事后素。"曰:"礼后乎?"子曰:"起予者商也,始可与言《诗》已矣。"(八佾第三)

"礼后"是建立在经济基础之上,也是建立在"主忠信"的成人基础之上。学者许佳、亓光认为:"孔子认为那些集睿智、无欲、勇敢、多艺、通晓礼乐于一身方为'成人',但是,现实中只要见利思义,信守诺言已经是全人了","现代社会的人的异化,'单向度的人'已是现实。因此,如何培育公民道德、彰显公民精神成为当务之急。而今,新自由主义及其普世价值的渗透导致个人主义泛滥,人不断丧失自我。然而,人非孤岛,整体性是一种人类的社会事实。在这里,以'公共性'为核心的公民精神就越发显得重要。"[①]

学者张峰伟认为:"孔子礼学思想当中的责任感和道德意识,是如今大学生最好的精神食粮,它可以引导大学生成为一个积极向上、极富责任感和正能量的出色人才","现代社会对大学生的重要要求之一是具有自我约束的能力,要学会自我审视、克己自律。孔子时代,他希望人人都能做好自己阶级的事情,从而使社会运转正常;在当今社会,每个人都应该拥有属于自己的标签,使得整个社会有机体能够有序运行,这种有序运行就依赖于礼。遵纪守法,按照规则办事并不是墨守成规、不知变通的体现,也不是否定创新创造,相反,恰恰体现出社会的高度文明。一个人只要按照秩序生活,才能活得更好。自以为是的人,没有生存的余地,不懂得自我审视和自我约束的人无法进步"。[②]

---

①　许佳、亓光:《孔子的礼本人学及其时代启示》,载《长治学院学报》2017年第4期,第5、6页。

②　张峰伟:《孔子礼学思想对大学生个体发展的启示》,载《汉字文化》2018年第22期,第75页。

现在保存良好的仪式自然是"职场礼仪",最准确地可以说成"官场礼仪",这方面有许多"人精",深谙这些礼仪的"人精",是否符合孔子心中对于"礼的要求",这个恐怕要打问号。

因此,礼的意义不在形式,而在其内容,能否培养出"仁心",不让今日的大学生沦为"精致的利己主义者"(钱理群语),这才是当今礼仪教育或者说中国教育的内在实务。

现在"国学热"的热度持续不减,许多学校特别是不少中小学开设学习《三字经》《论语》《中庸》《孟子》等经典的课程,这是好现象,但也必须清醒地认识到:传统国学毕竟有其局限性,"克己复礼"首先是一种内化的需求。正如余秋雨先生所言:"宁肯鲁莽粗糙一点,也不要成为古风翩然、国学负担沉重的旧式斯文人。"①金正昆教授也指出:"必须承认,孔子之'礼'并不完全适用于今日之中国。对其死记硬背或照搬照抄到今日中国人的生活与工作中,必定劳而无功。"②

因此,复"礼"不是"复古",而是努力恢复"仁心",倡导"不忘初心,方得始终",就是一种很好的礼仪开启。

◎ 学思知行

不学礼,无以立人。礼仪是立身行事的基础。礼仪规范的是行为,收拢的是人心。人心首先来自爱,来自自觉自律。孔子的"克己复礼",指向人与人,人与万物之间的和谐!如钱穆先生言:"则克己正所以成己,复礼亦正所以复己。于约束抑制中得见己心之自由广大,于恭敬辞让中得见己心之恻怛高明,循此以往,将见己心充塞于天地,流行于万类。"③

学习礼仪是青年人走向社会、融入社会的第一步,这个社会有许多范式,约定俗成又行之有效,就是社会众人的"信条",这些信条代表着这个社会的通行法则,依规合辙就便于驶入各种轨道,成为人们期望的栋梁之材。

不知从何时开始,很多人开始混淆年龄的界限。单位里,同事间称兄道

---

① 余秋雨:《文化苦旅·笔墨祭》,东方出版中心1992年版,第245页。
② 金正昆:《孔子之"礼"新探》,载《江西社会科学》2017年第5期,第248页。
③ 钱穆:《论语新解》,生活·读书·新知三联书店2005年版,第304页。

弟,忘记了年龄限制。学校里,学长学弟固然不错,但也是有年龄区间的,超过这个区间,只能用"前辈"称呼了,但对于这个名称,中国人似乎很陌生。

社会上,有不少刚从大学毕业的年轻人走上工作岗位,意气风发,朝气蓬勃,对工作充满激情,对事业充满干劲,浑身上下洋溢着青春活力,深受同事们的喜爱,这是青年的优势所在。但是,这些年来在个别青年人身上也暴露一些不和谐的因素,比如急功近利、好高骛远,缺少韧劲,对工作先热后冷,缺少张力,更多的是在礼仪方面的缺失,例如公共场所语言粗俗不文明,对他人不尊重讽刺挖苦,特别是对老同志态度轻慢,缺少恭敬心。

首先,对老同志的称谓上,有些年轻人觉得自己已经具备相应的身份,大可与老同志称兄道弟了,于是文雅一点呼为"某兄",普通一些呼为"老同志",看似尊重,却仿佛略含轻蔑,大有你们"老"了、"过时"了之意;亲密一些则呼为"老哥""小弟",不论年龄如何悬殊,皆以哥弟称呼,开一些无关痛痒的玩笑,做一些大大咧咧的举动,虽看似亲密,却可能让老同志隐隐不快。

其次,表现在日常行为上,亲切的问候少了,端茶倒水更是难觅踪影。平时办公室值日大家更是"平分秋色""泾渭分明",无怪乎老教师大谈"时代变了""江河日下"。固然,时代变了,人人平等了,没有了传统的尊卑观念,但尊敬老一代的风气不应改变,好的传承才能让人的进步更上层楼。

再次,也有不少年轻人因为能力突出"贵"为一班之"主"或"一组之长",看到老同志的工作失误或错误,特别是看到老同志业绩落后,会影响自己一班或一组整体成绩时,有时不讲方式不管轻重地对他们加以批评,虽然在理,却未必在"情"理。凡此种种,不一而足。

中国是文明古国、礼仪之邦,青年人在礼仪方面的缺失,对后辈的负面影响很大。一方面我们呼吁社会尊老爱幼,另一方面青年群体中存在礼仪缺失。教育上讲究薪尽火传,传递的不仅仅是知识,更是一种文化氛围,一种良好的风尚。

不学礼,无以立国。孟子讲"恭敬之心,礼之端也",荀子是把"礼"作为最高的道德原则:"人无礼则不生,事无礼则不成,国家无礼则不宁。"学校教育不仅要传授给学生知识,还要让学生学会如何做人,教师的人格魅力胜过千军万马,教师的言传身教更对学生起到潜移默化的作用。最近看到很多地方很多单位都在学习礼仪,各级各类学校更应当在这方面加大培养力度,让学生一定要学礼、执礼、尽礼,对重铸中华民族精神,树立复兴大国国民素养新形象将大有裨益。

　　那么,让我们从简单做起!对年长同志,不妨说一声:"前辈,您好!"对幼童,不妨来一个拥抱,说一声:"宝贝,你好。"人间温暖,从此开始。

第六问
何为知

子曰:"不患人之不己知,患不知人也。"(学而第一)

子曰:"由,诲女知之乎? 知之为知之,不知为不知,是知也。"(为政第二)

子曰:"不患无位,患所以立;不患莫己知,求为可知也。"(里仁第四)

子张问曰:"令尹子文三仕为令尹,无喜色;三已之,无愠色。旧令尹之政,必以告新令尹。何如?"子曰:"忠矣。"曰:"仁矣乎?"曰:"未知。焉得仁?""崔子弑齐君,陈子文有马十乘,弃而违之,至于他邦,则曰:'犹吾大夫崔子也。'违之。之一邦,则又曰:'犹吾大夫崔子也。'违之,何如? 子曰:"清矣。"曰:"仁矣乎?"曰:"未知,焉得仁?"(公冶长第五)

子曰:"宁武子,邦有道则知,邦无道则愚。其知可及也,其愚不可及也。"(公冶长第五)

樊迟问知。子曰:"务民之义,敬鬼神而远之,可谓知矣。"问仁。曰:"仁者先难而后获,可谓仁矣。"(雍也第六)

子曰:"吾有知乎哉? 无知也。有鄙夫问于我,空空如也。我叩其两端而竭焉。"(子罕第九)

樊迟问仁。子曰:"爱人。"问知。子曰:"知人。"樊迟未达,子曰:"举直错诸枉,能使枉者直。"(颜渊第十二)

子张问明。子曰:"浸润之谮,肤受之愬,不行焉,可谓明也已矣。浸润之谮,肤受之愬,不行焉,可谓远也已矣。"(颜渊第十二)

人皆养子望聪明，我被聪明误一生。

惟愿孩儿愚且鲁，无灾无难到公卿。

这是苏轼有名的《洗儿诗》，用反讽的方式道出了社会现实的无奈。中国民间常有小聪明与大聪明之别。"小时了了，大未必佳！"许多孩子，三岁能诗，八岁能文，长大后却如王安石笔下方仲永一样"泯然众人矣"；还有的人有文才或有歪才，却没有辅国安民的正才、大才，此皆为小聪明！那么，什么是真正的大聪明？

一、知即智：知人者智，自知者明

老子说："知人者智，自知者明。"

首先是自知。"知之为知之，不知为不知，是知也"。（为政第二）

钱穆先生释曰："人有所知，必有所不知，但界线不易明辨。每以不知为知，以不可知者为必可知。如问世界何由来，宇宙间是否真有一主宰，此等皆不可必知，孔子每不对此轻易表示意见，因此孔子不成为一宗教主，此乃孔子对人类知识可能之一种认识，亦孔子教人求知一亲切之指示。又人类必先有所知，乃始知其有不知。如知马，始知非马，但不知其究为何物。然则我所谓知此物非马者，乃仅知我之不知其究为何物而已。人多误认此不知为知，是非之辩，遂滋混淆。《论语》此章深义，尤值细参。"[1]

正因为孔子这种清醒的"自知"，所以他不谈"怪力乱神"，采取"敬鬼神而远之"的务实态度，努力从人的切入点来引导人，推己爱人。

施炎平教授认为："从仁者爱人到仁者知人的发展，反映了孔子对知和知识问题的一个理解思路：把知识问题从宗教鬼神观念中分离出来，使之走向人文和人道的归宿。"[2]

聪明的人必须首先"认识自己"！

哈佛商学院传诵着一句箴言："明白比高智慧更重要。第一明白自己拥有什么，第二明白自己能做什么。"只有明白自己的优势和短板，才能充分扬

---

[1]　钱穆：《论语新解》，生活·读书·新知三联书店 2005 年版，第 41 页。

[2]　施炎平：《先秦儒家智慧观念初探》，载《华东师范大学学报（哲学社会科学版）》2001 年第 3 期，第 45 页。

长避短。也只有明白自己,充实自己,提升自己,才能"不患莫己知,求为可知也"（里仁第四）。

其次是知人。

孔子面对樊迟的疑惑,提出"举直错诸枉,能使枉者直"。（颜渊第十二）这个观点在《为政》篇中孔子已有表述,认为知人之首务在辩其枉直。作为领导者,要举直错诸枉,结果会使枉者也变正直起来。

当然,一个正直的人还无法决定未来发展趋势,只有国君明达,朝野上下都具有清明正"直"政治气象,才会发生这种的效果。唐朝裴矩就是这样一个人:

> 裴矩字弘大,河东闻喜人……襁褓而孤,为伯父让之所鞠。及长,博学,早知名……隋文帝为定州总管,召补记室,甚亲敬之。文帝即位……累迁吏部侍郎……大业初,西域诸番款张掖塞与中国互市,炀帝遣矩监其事。矩……乃访西域风俗及山川险易、君长姓族、物产服章……入朝奏之。帝大悦……每日引至御座,顾问西方之事……帝幸东部,矩以蛮夷朝贡者多,讽帝大征四方奇技,作鱼龙曼延、角抵于洛邑,以夸诸戎狄,终月而罢。又令三市店肆皆设帷帐,盛酒食,遣掌番率蛮夷与人贸易,所至处悉令邀延就座,醉饱而散……夷人有识者,咸私哂其矫饰焉。帝称矩至诚,谓宇文述、牛弘曰:"裴矩大识朕意,凡所陈奏,皆朕之成算,朕未发顷,矩辄以闻。自非奉国用心,孰能若是?"……矩后从幸江都。及义兵入关,……帝问技方略,矩曰:"太原有变,京畿不静,遥为处分,恐失事机。唯銮舆早还,方可平定。"矩见天下将乱,恐为身祸,每遇人尽礼,虽至胥吏,皆得其欢心……是时,帝既昏侈逾甚,矩无所谏诤,但悦媚取容而已……太宗初即位,务止奸吏,或闻诸曹案典,多有受赂者,乃遣人以财物试之。有司门令史受馈绢一匹,太宗怒,将杀之,矩进谏曰:"此人受赂,诚合重诛。但陛下以物试之,即行极法,所谓陷人以罪,恐非导德齐礼之义。"太宗纳其言,因召百僚谓曰:"裴矩遂能廷折,不肯面从,每事如此,天下何忧不治。"贞观

元年卒,赠绛州刺史,谥曰敬。(《旧唐书·裴矩传》)

　　"古人有言:君明臣直。裴矩佞于隋而忠于唐,非其性之有变也;君恶闻其过,则忠化为佞,君乐闻直言,则佞化为忠。是知君者表也,臣者景也,表动则景随矣。"(《资治通鉴·唐纪八》)

　　裴矩遭遇隋炀帝,看天下将乱,"无所谏诤,但悦媚取容而已。"拍马逢迎,八面玲珑,可谓一个彻头彻尾的"佞臣";但遭遇唐太宗,躬逢盛世,却敢于"廷折,不肯面从",成为一代"直臣""能臣"。可见风气和环境很重要,所谓:"蓬生麻中,不扶而直;白沙在涅,与之俱黑!"

　　因为得遇唐太宗这样的一代"明主",又有魏征等一大批"直臣",才能使裴矩这个隋朝的"佞臣"变成"直臣"!

二、知和遇:遇到好老板很重要

　　"浸润之谮,肤受之愬,不行焉,可谓明也已矣。浸润之谮,肤受之愬,不行焉,可谓远也已矣。"(颜渊第十二)

　　是非曲直的判定有时候并不难,但如果添加"人情"因素,同样的言语行为,因为亲疏不同,效果会截然不同。"智子疑邻"就是生动的再现。

　　作为普通文士,则是选对和遇上好老板。当然好老板难寻,所以知遇之恩就成了文人心中最大取舍,为了报答知遇之恩,甚至可以拿生命作为燃料。

　　聪明的人不但明白自身需求,更注意把握天下大势,重视了解人心、人性。顺势而为,永远就是最好、最聪明的选择! 洞悉人性,永远是最牢靠、最保险的方式。《三国演义》中的杨修,恃才傲物,终招杀身之祸。因为杨修的聪明就是典型的小聪明,他可以洞察先机,口无遮拦,但却无法洞察未来大势,他能够知人,却不懂得把握分寸。另一个人物,田丰,官渡之战时力劝袁绍不要正面对敌,结果袁绍把他打入大牢。后来袁绍打败仗归来,有人向他庆贺,认为袁绍一定会赦免他重用他,而田丰却说自己死期到了。众人不解,田丰解释说:袁绍为人心胸狭窄,我说错了,他或许可以容我;我说对了,他必定不肯容我! 结果正如田丰说言。田丰能够洞察大势,洞悉人心,但却犯了愚忠,不但聪明才智得不到发挥,反而身死人手,实在可叹可惜。

所以,《三国演义》中有多处提到:"良禽择木而栖,贤臣择主而适。"一个聪明的人,找到一个好"老板",才是正道。

聪明的人为什么自己不去当"老板"?

有人遗憾诸葛亮为什么不听从刘备的遗言,取刘禅阿斗而代之,最后统一天下。诸葛亮被中国民间奉为聪明化身,他能掐会算近乎"妖",但他真的可以当帝王吗?不必说他没有登高一呼应者云集的领袖才能,也不必说他没有直取长安的气魄,但从他七出祁山却无寸功的结果,就可以看出他不是真正的聪明大帅。何者,知其不可为而强为之,结果只能是损兵折将,使国库空虚、人才凋零而已。所以聪明而勤奋的人,可以是个好谋士,却做不成好"老板"。刘禅也许不是最好的"老板",但他并不愚笨。

《论语》中还提到一个令尹子文,他在仕途上三起三伏。在孔子看来,他已经够"忠诚"但不够聪明,一个人怎么能在一个职位上跌倒多次呢?至少,他没有看清自己沉沉浮浮的真正原因吧,如此,怎能有大作为?

历史上,真正的大聪明是范蠡之流,功成身退,明哲保身;是张良、刘伯温之类,"运筹帷幄之中,决胜千里之外"。而比他们更加聪明的,则是一些愚者,比如老子,庄子,他们追求天下大道,大道于无形,神人于无功,圣人于无名。

对于一个普通人,"依附骥尾"也是不错的选择,司马迁论述刘邦手下樊哙等人,就提出这种主张,在《伯夷列传》中,他这样说:

> "君子疾没世而名不称焉。"贾子曰:"贪夫徇财,烈士徇名,夸者死权,众庶冯生"。"同明相照,同类相求","云从龙,风从虎,圣人作而万物睹","伯夷、叔齐虽贤,得夫子而名益彰。颜渊虽笃学,附骥尾而行益显。岩穴之士,趣舍有时若此,类名堙灭而不称,悲夫!闾巷之人,欲砥行立名者,非附青云之士,恶能施于后世哉!"(《史记》卷六十一)

云从龙,风从虎,聪明的人如能找到好老板,充分发挥才智,也是一种明智的选择。

三、知若愚，空空如也

圣人的言论，总是在仰望的最高点风云际会。

大有若无，大智若愚，大成若缺，大巧若拙，这是老子的观点。

"吾有知乎哉？无知也。有鄙夫问于我，空空如也。我叩其两端而竭焉。"这是孔子的自白。

"我只知道我一无所知！"这是苏格拉底发聋振聩的言语。

这些话语不是谦逊，不是故弄玄虚，而是一种清醒的自我认知。在浩渺的宇宙里，人类掌握的有限知识只不过是"沙之书"中零星的片段而已。

人，不可狂妄！

在智者那里，心灵需要不断清空，趋向于"无"，才能回归澄澈清明。在老子看来，天下万物生于"有"，而"有"却生于"无"，天下大道，本性也是"无"。余秋雨对此有过热烈的阐发：

> 在老子看来，世上一切器用，似乎依靠"有"，其实恰恰相反。一个陶罐是空的，才能装物；一间房子是空的，才能住人。一切因"无"而活动，因"无"而滋生，因"无"而创造，因"无"而万有。
>
> 天空因"无"而云淡风轻，大地因"无"而寒暑交替，肩上因"无"而自由舒畅，脚下因"无"而纵横千里，胸间因"无"而包罗宇宙，此心因"无"而不朽永恒。[①]

大智若愚若无若空，这是智者一种自省。正如王阳明所言："圣人之学，以无我为本，而勇以成之。"从"无"到"有"，从"大无"到"大有"，自觉减负，减少内心欲望，就能收获更多。人生在世，很难做到清静无欲，但物欲太强，只为欲望而努力，就会蒙蔽心灵，遮蔽望眼，就会阻碍认知。天下之事，无非名利，何人能够看破名利，就能"身在最高层"。虽然我们都渴望拨去浮云，回归光明澄澈，但很难，王安石难以做到，即使是大学问家王国维也感觉自

---

① 余秋雨：《泥步修行》，长江文艺出版社 2017 年版，第 148 页。

己"可怜",作词云:

> 山寺微茫背夕曛,鸟飞不到半山昏。上方孤磬定行云。
>
> 试上高峰窥皓月,偶开天眼觑红尘。可怜身是眼中人。

现实中,许多人认为聪明不如糊涂,糊涂不如装糊涂。于是聪明人逐渐收敛其聪明,开始装起"糊涂"来了。在生活中,常常遇到"无虞之誉",但遭受更多的是"求全之毁",一个人躲避闲言碎语,加强修炼,面对风雨一笑置之,不失为一种明智选择。因此,装糊涂也是一种智慧的生存策略。装糊涂是一种假糊涂,内心却是一颗明察的心,如同孔子赞美的宁武子:

子曰:"宁武子,邦有道则知,邦无道则愚。其知可及也,其愚不可及也。"(公冶长第五)

"难得糊涂"成了不少人的座右铭。即使视天下为己任的郑板桥,也说了几句了不起的话:"聪明难,糊涂亦难,由聪明而转入糊涂更难。放一着,退一步,当下心安,非图后来福报也!"

装糊涂,固然是乱世全身之道,盛世若此,实非国家之福。我们还是赞赏鲁迅大力称道的那些"中国的脊梁":

"我们从古以来,就有埋头苦干的人,有拼命硬干的人,有为民请命的人,有舍身求法的人,……虽是等于为帝王将相作家谱的所谓'正史',也往往掩不住他们的光耀,这就是中国的脊梁。"

◎ 学思知行

"知"通"智"(智慧)。"是知也",一句广为流传的孔子名言,后世常提醒人们用老实本分的态度求知,决不能有骄傲,更要虚心成节,养成实事求是的优良作风。曾仕强教授在《易经的奥秘》中,举了一个孔子的学生和蚂蚱打赌的例子:蚂蚱说一年有三季,孔子的学生说有四季,后来他们一起来问孔子,孔子看了看蚂蚱,对他们说,一年有三季。蚂蚱走了之后,孔子的学生问其原因,孔子说,蚂蚱活不过秋天,所以对他来说,一年就是只有三季,你跟他争死争活还是只有三季。不同的人与事物有不同的问题答案,角度不同、位置不同,答案不同。曾仕强教授讲所以"知之为知之不知为不知"的意思,应该是"知道某个知识"是为了"知道这个知识"的人/物。后半句同理。谦虚使人进步,骄傲使人落后。这句话其实一再告诉人们,一定要虚心,虚心学习。人不懂的实在太多。懂得的越多,便觉不懂得的更多。

　　智者知人,更要自知。认识你自己,这是最大的自省。明白自己拥有什么,力所能及能做好什么,然后顺势而为。或者坚守,或者变通,或者选准一位好"老板",不一而足。但我们赞赏聪明,更要赞赏"愚者",如愚公移山,如"唯上智与下愚不移"坚定有所作为的人。

　　年轻人生来要抱定改造社会的思想,不必"学愚"装糊涂,要有一颗准备"头破血流"碰撞"南墙"的心,虽然可能无法撞破,但至少有这份勇气!鲁迅先生愿青年"摆脱冷气,只是向上走",我亦希望青年人多一分勇气,多一分热肠!

第七问
何为信

子曰:"事父母,能竭其力;事君,能致其身;与朋友交言而有信。"(学而第一)

有子曰:"信近于义,言可复也;恭近于礼,远耻辱也;因不失其亲,亦可宗也。"(学而第一)

子曰:"人而无信,不知其可也。大车无輗,小车无軏,其何以行之哉?"(为政第二)

孔子曰:"不知命,无以为君子也;不知礼,无以立也;不知信,无以知人也。"(尧曰第二十)

子贡问政,子曰:"足食,足兵,民信之矣。"子贡曰:"必不得已而去,于斯三者何先?"曰:"去兵。"子贡曰:"必不得已而去,于斯二者何先?"曰:"去食。自古皆有死,民无信不立。"(颜渊第十二)

子曰:"狂而不直,侗而不愿,悾悾而不信,吾不知之矣。"(泰伯第八)

子曰:"由也,女闻六言六蔽矣乎?"对曰:"未也。""居!吾语女。好仁不好学,其蔽也愚;好知不好学,其蔽也荡;好信不好学,其蔽也贼;好直不好学,其蔽也绞;好勇不好学,其蔽也乱;好刚不好学,其蔽也狂。"(阳货第十七)

民无信不立。孔子说:"人而无信,不知其可也。"

现实生活中,失了诚信,寸步难行。这些年,食品安全问题、学术学历造假、婚托、医闹、腐败等问题时有发生。诚信,已成为新时代中国式现代化进程中需要重点关注的研讨课题。

一、互害：人而无信，不知其可也

有人戏说现代社会已进入"互害模式"，有人大谈现代人的"道德滑坡""道德败坏""道德沦丧"等，其实不必危言耸听，而应该正视社会现实。可以说，这些现象正是经济社会发展过程中的必然产物，办法总比困难多，只要重视起来，自然可以顺势解决这些问题。

山东大学黄玉顺教授认为：中国人正在致力于现代化，中国社会正在走向现代性。因此，我们需要的不是恢复前现代的旧道德，而是建构现代性的新道德。在这个意义上，说今天所谓的"互害"问题是由于道德的"滑坡""败坏""沦丧"，并不确切。现代性的道德就是市场道德。这是因为，现代社会本质上是市场经济社会。马克思主义认为，市场经济乃是整个现代社会的"经济基础"，当然也是政治"上层建筑"以及作为"意识形态"的道德的基础。市场道德并不限于市场领域、经济领域，而是整个现代社会的基本道德。因此，没有市场经济，就没有市场道德，也就没有现代道德；没有充分的市场经济，就没有充分的市场道德，也就没有充分的现代道德。这样一来，互害现象的普遍出现就是必然的。[①]

学者张善根认为，所谓"互害"首先缘起于人本质中的自利主义倾向，并不一定具备直接故意的主观动机。而且社会互害并不是指两个明确的主体之间的直接的相互伤害，而是在这种社会形态中，人与人之间都处于相互伤害的恶性循环之中，其伤害的是不特定的社会主体，但最后每个人都变成了受害者。社会互害违背了人的理性假设，是社会行动的非预期后果。因此，解释社会互害的生成机制，实际上就是回答为何基于利己的动机，最后却出现互害的结果。[②] 他还从"囚徒困境"的角度加以阐释，囚徒困境的社会心理根源就是利己主义，而互害型社会的本质就是利己主义的囚徒困境。大家都是以纯粹利己主义出发，那么不仅将形成互不合作的状态，最后，还必然

---

① 黄玉顺：《"互害"之病的儒学疗救》，载《探索与争鸣》2018年第11期，第46页。

② 张善根：《从互害型社会走向互利型社会——中国社会主要矛盾的转化及应对》，载《探索与争鸣》2018年第8期。

会因利己动机而陷入互害的结果。①

　　学者徐鑫钰认为，"互害型"社会呈燎原之势，还有一个很重要的原因就是执法监管缺位、不严、低效、推脱责任，从而造成一些生产商钻法律的空子，生产有害食品或是质量低劣的产品，危害国民健康和社会稳定。有时政府的政策虽好，但真正落实还需监管到位，在各个环节加强监控，否则，生产商基于某种利益就会做出有违道德和良心之事。因此，监管部门任重道远，应加强责任意识，严格监督检查，打击不法分子，禁止生产制造商违规生产，在执法层面上遏制互害现象的发生。②

　　孔子时代也曾面临这一个问题，孔子的学生就提出过类似问题，《论语》中有这样两个片段：

　　　　子适卫，冉有仆，子曰："庶矣哉！"冉有曰："既庶矣，又何加焉？"曰："富之。"曰："既富矣，又何加焉？"曰："教之。"（子路第十三）

　　　　子贡问政，子曰："足食，足兵，民信之矣。"子贡曰："必不得已而去，于斯三者何先？"曰："去兵。"子贡曰："必不得已而去，于斯二者何先？"曰："去食。自古皆有死，民无信不立。"（颜渊第十二）

　　这两则内容，看似矛盾，其实并不矛盾。孔子认为，先让百姓富足，然后再"教之"，让管理到位。在"民富（足食）国强（足兵）"基础上，然后"教之"，大力打造信任体系，这样国家才能井然有序，国力才能强大久安。

　　钱穆先生认为这两则内容"一处常，一临变"。"民无食必死，然无信则群不立，涣散斗乱，终必相率沦亡，同归于尽。故其群能保持有信，一时无食，仍可有食。若其群去信以争食，则终成无食。去兵者，其国贫弱，恐以整军经武妨生事，故且无言兵，使尽力耕作。去食者，如遇旱蝗水涝，饥馑荒

　　① 张善根：《从互害型社会走向互利型社会——中国社会主要矛盾的转化及应对》，载《探索与争鸣》2018 年第 8 期。
　　② 徐鑫钰：《从"碎片化"监管到整体性监管：我国食品安全监管体制重构研究》，载《哈尔滨学院学报》2015 年第 12 期，第 28–32 页。

歉,食固当急,然亦不可去信而急食。"①

信的问题不但是让百姓有诚信,更重要的是提高政府公信力。朱熹对此也有注释,不过他单从道德方面强化,难免陷入道学家简单说教:"民无食必死,然死者人之所必不免。无信则虽生而无以自立,不若死之为安。故宁死而不失信于民,使民亦宁死而不失信于我也。"(朱熹《论语章句集注》)

趋利避害,人情之所难免,简单以"死之所必不免",让人"死之为安",这未免十分迂腐。日本学者子安宣邦认为:"若像朱子或仁斋那样从道德主义的角度理解'民无信不立'的话,那么,人民就算没有粮食,也必须固守信实,这是一种完全没有说服力的答案。而一贯祈愿民生安定的孔子,更是不可能说出这样的话。民之'信',就是统治者说的话是值得信赖的,否则,当统治者说的话失去了信赖的时候,就等于民失去可'信'赖的了——那么,人民也就无法继续在这个国家生存下去了。所谓'信'就是人之言是实在之物。我对'民无信不立'的理解是:人民一旦失去了对统治者的信任的话,人民也就无法继续在这样的国家里生存下去了。"②

二、信的意义:人类社会的"功守道"

学者王天民、史宏月认为,《论语》诚信理念蕴含着以"仁"为本、以"义"为则、以"实"为径等基本精神。"里仁为美","仁"既是孔子理想人格的核心要素,也是他所极力倡导的"诚信"人格品质的基础。"信近于义,言可复也"。义是践行诚信理念时必须遵循的原则,诚信唯有建立在道义的基础上,才能成为符合社会要求的优良品质。诚实是诚信的起点,诚信理念也只有最终落到实处才有意义,因此,"实"是践行诚信理念的必然路径,不论是语言、情感还是行动,都要能以"真"为前提,以"实"为信条,才会使诚信不致流于虚浮的形式。③ 诚信的意义和作用体现在以下几方面。

---

① 钱穆:《论语新解》,生活·读书·新知三联书店 2005 年版,第 310、311 页。

② [日]子安宣邦:《孔子的学问——日本人如何读〈论语〉》,吴燕译,生活·读书·新知三联书店 2017 年版,第 212 页。

③ 王天民、史宏月:《论〈论语〉诚信精神及其当代实践》,载《吉林师范大学学报(人文社会科学版)》2019 年第 2 期。

（一）信乃立身之本

人而无信，难以安身处世。古人把诚信作为人之"三大德"之首，"人之所以立，信、智、勇也。信不叛君，知不害民，勇不作乱。"（《左传·成公十八年》）诚信是被视为人之为人的本质要求。《论语》中有子这样论述："信近于义，言可复也；恭近于礼，远耻辱也；因不失其亲，亦可宗也。"（学而第一）

"信"和"恭"都是做人的基本规范，只有符合道义和礼仪，才能获得人们的认同。敬人者，人恒敬之；爱人者，人恒爱之；损人者，人亦损之；欺人者，人不能忍之。人际关系常常有着"置换定律"，"送人玫瑰，手留余香"是也！

"克己复礼"要求待人以信，施人以诚，严以律己，宽以待人，在满足一己之欲时，考虑到他人之利益，利人利己，而非损人利己。诚信是现代社会对一个人的基本要求，只有人人讲诚信，人际关系才会有和谐融洽。尔虞我诈，互不信任，人哄人，人欺人，人害人，这样的社会必将使得人人无立足之地。

（二）诚乃交友之道

子夏说："事父母能竭其力；事君能致其身；与朋友交，言而有信。""与朋友交，言而有信"，是儒家倡导的一种交友原则。朋友之间同甘苦共患难固然可贵，肝胆相照光风霁月才是理想境界。孔子反对三种人："狂而不直，侗而不愿，悾悾而不信，吾不知之矣。"（泰伯第八）

狂者多爽直，但如果不正直，无可取；无知者（"侗"）无畏，但如果畏缩不前同样无足取；"悾悾者"本应老实忠厚，但如果是"老实脸，一心点"奸猾之人，不讲诚信，同样一无所取，还要更加小心防范。

孔子认为朋友之间最重要的是相互信任、真诚相待，即"老者安之，朋友信之，少者怀之"。这里，孔子把朋友之间能够相互信任、真诚相待作为自己的三大心愿之一，表达了一种美好的人生渴望。敞开心扉，以诚相待，开诚布公，肝胆相照，让友谊在尘埃中开出诚信的花朵，烛照人间。"责人之心责己，恕己之心恕人"（《增广贤文》），这应是中国人的处世之道。《围炉夜话》中言：

但责己，不责人，此远怨之道也；

但信己,不信人,此取败之由也。①

(三)诚信乃立业之基

孔子提倡"敬事而信"(学而第一),"居之无倦,行之以忠"(颜渊第十二)。要求人们对待工作要严肃认真,恭敬谨慎,尽职尽责,讲究诚信。诚实谦恭兴业,忠厚勤俭兴家。忠厚传家久,诗书继世长。这些言语几乎成为中国人长久以来的信条。

对于商业活动而言,以诚信为本,信守承诺,诚实无欺,才会赢得信誉,赢得市场,获取最大效益。古人推崇"贾而好儒""信义不欺""市不二价""货真价实",都是诚信在商业活动中的体现。商业活动不仅仅是交易,也是契约精神,这赋予商业活动公正、和平、友好的内涵,从而使商业交易产生应有的价值体系。有诚信,才能创立品牌。简而言之,人的尊严和事业必须建立的信义基础之上,才能成就大业。

(四)诚信乃为政之道

孔子认为,"道千乘之国",必须"敬事而信,节用而爱人,使民以时"(学而第一),把诚信摆到治理国家首要地位。又说"为政以德,譬如北辰,居其所而众星拱之"(为政第二),强调道德在国家治理体系中的重要作用。"信则民任焉"(尧曰第二十),执政者治国理政,不失信于民,才能得到百姓的拥护和信赖。

强化政府公信力,是推进当前诚信社会文明风尚建设的重要举措。孔子深谙公信力是治国理政最为重要的法宝,突出强调"民无信不立"(颜渊第十二),这也应成为当前我国深化政治体制改革重要的思路。

学者王天民和史宏月认为:全面深化政治体制改革的一个重要落脚点就是提高政府公信力。提高政府公信力、建树诚信政府形象是重中之重。各级政府须根据时代要求不断强化诚信规范,秉持"权为民所用,情为民所系,利为民所谋"的理念,做到心中有民,进而在实现孔子强调的"立信于民"

---

① 王永彬著,琮琼译注:《围炉夜话》,书海出版社2001年版,第90页。

的基础上,不断推进诚信社会风尚建设。①

三、从互害到互利:诚信已成为未来社会最大红利

钱穆先生认为:"信者,贯通于心与心之间,即将双方之心紧密联系,而又使有活动之余地,正如车之有輗轨。"②

日本学者子安宣邦把没有信用的社会看作一个"可怕的噩梦",他说:"所谓'信',原意为'相信''信赖',因为相信别人本身是有实在的根据。为此,'信'则引申为'人的诚实'之意。仁斋认为,以实在的东西为基础建立起来的人与人之间的信赖关系,是世界形成的前提条件。孔子也认为,没有'信',人就无法生存下去,世界也不能存立和发展。'信'是我们在这个世界上生存下去的动力,如果'信'垮塌了,那么我们也就失去了生存下去的力量。这是可怕的噩梦。相信与信赖,是我们能够依靠的东西……因此我们自身的存立,也建立在终极的依靠(信)之上。而这种支持我们存立的终极依靠——'信',也可以被称为'信仰'。我认为这是支撑着我们所有人的存在的终极依靠。"③

信用体系的建立,不但需要个体的内在修养,还在于外部的强制力,也有社会风气的养成。简而言之,一个国家的公民是否讲诚信,不仅取决于他们所受到的道德教育等软性力量,还取决于国家强有力的制度约束——社会信用体系。这种信用体系,来自国家的强制力,也来自社会民间的契约精神。新时代,电商经济的发展加快推动了信用体系的建立。以支付宝为支付方式的出现,催生了诚信体系的建立。

学者路强认为,大数据时代下,企业所处的与生物相似,通过竞争、共生、捕食等关系,与外部环境之间进行物质和能量的交换。路强从社会契约的角度论述契约和诚信建设的作用:从法家在"信德"实践过程中的局限与教训来看,首先,要避免法家基于"不信任"的契约关系。因为正是这种"不

---

① 王天民、史宏月:《论〈论语〉诚信精神及其当代实践》,载《吉林师范大学学报(人文社会科学版)》2019年第2期,第34页。

② 钱穆:《论语新解》,生活·读书·新知三联书店2005年版,第47页。

③ [日]子安宣邦:《孔子的学问——日本人如何读〈论语〉》,吴燕译,生活·读书·新知三联书店2017年版,第80、81页。

信任"使得法家已经产生的萌芽性的契约观念无法走入人们的内心继而成为一种精神,更无法成为一种普遍的价值导向。因而,契约精神还是要从外在的制度建设走向内心的价值培育。其次,则是要对人们的道德感保持最基本的信任,至少应该相信人们能够在一定程度上超越功利性的目的,而以内心的道德良知作为标准。如果希望契约精神不仅仅是一种手段,而是能够成为超越自利主义的内在价值,就必须使"契约"成为人们内心的应然状态。那么,契约精神在当代的确立,也就不能完全将其捆绑于人们的欲望与功利之上,而是应该强调其作为人性完善与人格修养的必要组成部分。①

电商经济的发展,也给诚信体系的建立打下了良性循环的发展之路。从支付宝的推出到货到付款,再到如今的刷脸时代,诚信将是未来最大的红利。对于商家来说,客户的差评、负评都直接影响他的店铺经营,他们不得不更加细心经营他们的诚信体系。

当然,要保证诚信体系的建立,政府必须肩负起自己应有的责任。学者毛丹对此有过精彩论述:"难怪诚信之事,看似不难,实际很难。说到底,问题超出了经济学或伦理学的限度,而进入了政治学的视野。实际上,上述劝说中涉及的维护市场秩序、分工基础上的社会共同体的必要性,本身已经提示人们,既然诚信问题是一个市场交易、社会交往中的公共问题,那么,维护诚信最终将是一个要由公共权力来解决的公共领域问题;就它最后只能由公共权力来调适解决而言,它甚至就是一个公共政治问题。"她还强调:"诚信在具体社会的分工和交换过程中很容易受到破坏,几乎无法指望社会本身必定导向诚信的互惠交易;虽然理论上可以通过道德劝导、市场示范、政府干预三个方面来提倡和维护诚信,但是前二者本身并不具备足够的约束力,唯独政府作为公共权力部门才有足够的强制力作为后盾,有能力也有义务在大局上主持诚信交易秩序。"②

学者王天民和史宏月认为,建树社会的诚信风尚,是一个循序渐进、环

---

① 路强:《从"诚信"走向"契约"——法家"信德"中的契约精神及其现代启示》,载《人文杂志》2019 年第 3 期,第 71 页。

② 毛丹:《若能诚信,敢不敛衽——漫说诚信的公共政治涵蕴》,载《开放时代》2002年第 6 期,第 123—127 页。

环相扣的过程,各个环节都不能松懈,需要各方共同努力,将诚信风尚的大网编牢编密。在个体诚信人格的培育方面,须充分发挥典型教育的示范效应,自上而下倡导诚信理念、巩固诚信品质。落实到社会生活中,一方面是要从树立领导干部的诚信典型出发,促进诚信教育的示范效应。在强化社会的诚信规范方面,要明确制度建设的重要作用,通过建立完善的人才诚信考评机制,促进诚信规范的进一步强化。企业作为国民经济发展的重要力量,其领导和骨干人员的诚信品质关乎企业命运和国民经济发展前途,因此,对于企业高管等优秀人才不仅在选拔时需要考量其信用状况,在入职后也要进行实时监督,进而从人力资源的起点和源头推动诚信市场经济的发展。[①]

◎ 学思知行

互赢不"互害"。"互害"是一种经济转型时特定时期的经济现象,是价值观扭曲的产物,但这种"互害"不会带来一种"必然"的结果,因为这种结果只有一种可能,就是契约精神的丧失。"假如法律无法强制契约的执行,它就会使所有的借款人和管理较好的国家中的破产者或者信誉极坏的人几乎处于同一地位。"[②]这种结果显然不是大多数人所乐见,必然的结果还是以一种带剑的强制力来力保契约的有效性。

"信",德之端。"人"之"言"谓"信",会意字,即人说话要讲诚信,孔子说"自古皆有死,民无信不立"。这是一句警世格言。治理天下的过程,足兵(护国力量)、足食(人人有饭)、民信(民众、政府诚信)足以上善为安。自古,失民心者失天下,也即失民信。"信"有时比吃饭更重要。

日常生活中,今人谈诚信,是信守承诺、遵守时间等语言以及行为层面的诚信。古人的"信",多指人内心精神价值层面。传统文化中,"信"最密切的是"义","信义"常一起使用。古人"信"与"不信"的标准是"义。"诚信在于"明乎善",主观上"明乎善",才能"至诚不动。"离开仁义,诚信若无"善"

---

　　① 　王天民、史宏月:《论〈论语〉诚信精神及其当代实践》,载《吉林师范大学学报(人文社会科学版)》2019 年第 2 期,第 35 页。

　　② 　亚当·斯密:《国富论》,中国文联出版社 2016 年版,第 68 页。

的内核,就失去了价值。故"言必信,行必果"仅是诚信最基本的层面。子贡询问"君子"标准时,孔子给出了那些不问是非、一味贯彻言行的行径,充其量是"匹夫匹妇之为谅"(宪问第十四)。那些信守"言必信,行必果"的人,他们执着的是连自己都不清楚的,停留于语言和行动的表面,没有触及更深的信念,是小人之行径。只听命于上面的指令而不明辨是非,固执地寻求"任务""命令"的执行,不思考"大义""是非",只是盲目对"诚信"的坚守,被视为君子的最低层次,

　　诚实守信是人生重要一课,是人生扣子中最重要的一粒之一。青少年诚实守信的建筑大厦,需要全社会诚信体系的逐渐完善,否则,一傅众咻,青少年就很容易在外部不安定的环境中迷失自我,随波逐流而不得其志向立。

第八问
何为孝弟

子曰:"父在,观其志;父没,观其行;三年无改于父之道,可谓孝矣。"(学而第一)

孟懿子问孝,子曰:"无违。"樊迟御,子告之曰:"孟孙问孝于我,我对曰无违。"樊迟曰:"何谓也。"子曰:"生,事之以礼;死,葬之以礼,祭之以礼。"(为政第二)

孟武伯问孝,子曰:"父母唯其疾之忧。"(为政第二)

子游问孝,子曰:"今之孝者,是谓能养。至于犬马,皆能有养,不敬,何以别乎?"(为政第二)

子夏问孝,子曰:"色难。有事,弟子服其劳;有酒食,先生馔,曾是以为孝乎?"(为政第二)

子曰:"事父母几谏,见志不从,又敬不违,劳而不怨。"(里仁第四)

子曰:"父母在,不远游,游必有方。"(里仁第四)

子曰:"父母之年,不可不知也。一则以喜,一则以惧。"(里仁第四)

孝,是中国人一个神圣的字眼。中国历来提倡以孝治天下,赋予其许多内涵。《孝经·开宗明义章第一》中说:"身体发肤,受之父母,不敢毁伤,孝之始也。立身行道,扬名于后世,以显父母,孝之终也。夫孝,始于事亲,中于事君,终于立身。"从这个意义上讲,珍爱生命,好好活着,就是孝;光宗耀祖,扬名于世,也是孝;报效祖国,建功立业,同样是孝;著书立说,德泽后世,更是大孝!

孝有种种,发自本心即为上善。

一、孝本心,难为色

孝心,从发自内心的敬意开始。

所有的一切,都有一个源头,那就是敬爱父母。最近看到一篇文章,题目是《像尊敬领导一样尊敬你的父母》,这个题目听起来好像很别扭,但它道出了一个基本事实:我们中许多人,可曾像对待领导一样对父母毕恭毕敬、言听计从? 我们可曾像对待领导一样对父母面带微笑和颜悦色? 我们可曾像对待领导一样对父母交心交底,说出你的渴望?……

是啊,我们中许多人习惯于对领导对同事甚至对他人和颜悦色,而对自己的妻子儿女甚至父母冷若冰霜。也许你会说,在单位为了生存,不得已而为之,而回到家中,不自觉把心底的戾气释放出来,把你最真实的一面暴露出来,但是家人何辜? 又何以堪?

《论语》中有这样一段文字:子游问孝,子曰:"今之孝者,是谓能养。至于犬马,皆能有养,不敬,何以别乎?"(为政第二)

这段文字反映出我们许多人普遍的心理特征,把"孝"理解为"能养",认为每月给父母一些钱,或者给父母买点吃的,或者让父母住上高楼,带父母周游世界,这就是"孝"! 孔子一针见血地指出,如果一个人对父母没有献上你的敬意,这与"犬马"有何异焉? 有的人养个小狗,每天像儿子一样把他抱在怀里说个不停,带它遛遛街道,你可曾想过把年老的父母抱在怀里,和他们共语? 无怪乎现在许多老人感慨"人不如狗猫"!

《论语》中还有一段文字,同样道出了我们的尴尬:子夏问孝,子曰:"色难。有事,弟子服其劳;有酒食,先生馔,曾是以为孝乎?"(为政第二)

钱穆先生释曰:"人之面色,即其内心之真情流露,色难仍是心难。"[①]"色难",就是我们许多人在"孝"面前的"尴尬"。也许我们有心,改善生活,总要把第一碗饭先给父母盛上;父母有事,我们也会跑前跑后,但如果我们总是绷着一张臭脸,好像父母欠我们什么似的,父母内心将会有怎样的感受?

---

① 钱穆:《论语新解》,生活·读书·新知三联书店 2005 年版,第 33 页。

我们给父母一个期待的笑脸，很难吗！

生活中我们许多人都不会大大方方和颜悦色地对父母说"爱你"！你可以对爱人说出许多肉麻话，对领导说出许多恭维话，对同事说出许多漂亮话，可是，你唯独对于你的父母总是那么"吝色"！你不愿意面带笑容春风送暖，你不愿意把内心最深沉的敬爱说给他们听！

在这里，诚恳地向各位读者提个醒：父母回家的时候，给父母一个拥抱，大声地说声辛苦！父母疲倦的时候，我们捧上一杯热茶。当我们与父母相处的时候，放下手机，停止通话，和父母亲热地聊会儿天吧！

孝不需要"高大上"，不需要你百里负米，不需要你卧冰求鲤，更不需要你卖身割肾，只需要你对父母多一分理解，多一点敬意，抑或者多一张笑脸。也许我们的父母是处在社会底层的人们，他们没有给你什么荣华富贵，但他们给了你力所能及的一切，最最宝贵的就是生命！

正因为这份最最宝贵的存在，我们才得以来到这个世界，享受风，享受雨，享有阳光与雾霭，你前半生中的大部分东西，都是生我养我的父母所给予，我们有什么理由不献上我们的敬意?！

让我们从今天开始，用最为热烈的方式，用最美的微笑，用最温暖的语言，对我们的父母说：爱你！

二、父母爱子"计深远"，只为"目送"

中国有一副对联，论述"孝行"，把"孝"和"淫""心"与"行迹"结合起来，说的最妙：

> 百善孝为先，论心不论迹，论迹天下无孝子；
> 万恶淫为首，论迹不论心，论心天下无完人。

因此，无论父母对于儿女，还是儿女对于父母，都是从"心"出发，竭诚尽力，表达自己最朴素的情思。

说完儿女对于父母，再说父母对于儿女。父母对于儿女的情感，大多是一种"单向"的指向，正像《触龙说赵太后》中所言："父母之爱子，则为之计深远。"从一定意义上讲，父母对儿女正确而深沉的爱，就是送孩子"离开"。这也是"道法自然"，就像雄鹰会把幼鹰赶出巢穴，老虎会把小老虎驱出"家门"。只不过，中国父母对于儿女存在着太多的不舍。

中国人有根深蒂固的"养儿防老"的观念，有人用乌鸦反哺来教导儿女，对父母要感恩，这种思想有待反思。这些年，有一些儿女割肝捐肾对父母回报，社会大加褒奖，这种做法的道德绑架也并非正向。从儿女一方，也许很高尚，也难能可贵，但父母接受儿女的捐赠，无论这种行为看起来多么高尚伟大，身为父母的都应该想一想，为儿女"计深远"地想一想，不能因为出于自己对于"生"的贪念就接受这样的行为。当然，父母对于身患疾病的儿女要不要捐献，这个完全在于父母的取舍，我们同样不要用任何道德标准绑架他人。

相对于生命的可贵，诚然，死亡是伟大的神秘！我们不要因为医疗技术的进步就缺少对死亡的敬畏之心，更不要因为现代化的医疗技术而对这个世界有太大的贪念。对于自己和这个世界，我们不妨更加坦荡些！

父母对儿女的一腔真情，需要儿女细细体悟。

孟武伯问孝，子曰："父母唯其疾之忧。"（为政第二）

孔子的这段对答好像"文不对题"，但其实大有深意。当我们生病的时候，想想父母对我们的态度，他们恨不得把儿女的疾病转移到自己身上，减一分则喜，增一份则忧，现代作家史铁生在《我与地坛》中遗憾地说：

> 事实上，我也真的没为她想过。那时她的儿子，还太年轻，还来不及为母亲想，他被命运击昏了头，一心以为自己是世上最不幸的一个，不知道儿子的不幸在母亲那儿总是要加倍的。她有一个长到二十岁上忽然截瘫了的儿子，这是她唯一的儿子；她情愿截瘫的是自己而不是儿子，可这事无法代替；她想，只要儿子能活下去哪怕自己去死呢也行，可她又确信一个人不能仅仅是活着，儿子得有一条路走向自己的幸福；而这条路呢，没有谁能保证她的儿子终于能找到。——这样一个母亲，注定是活得最苦的母亲。

儿女的"不幸",在父母那里"总是加倍的",如果儿女能够体念父母的"深情",自然会激发出内心的感发之情,正像北京大学学生王帆在一次演讲中所说:你陪我长大,我陪你到老!

三、互助养老,莫让"孝"背上"负债"的包袱

在中国人的孝行观念里,特别强调父母的权威。这一点有许多人认为是孔子首倡并赋予了意义:

孟懿子问孝,子曰:"无违。"樊迟御,子告之曰:"孟孙问孝于我,我对曰无违。"樊迟曰:"何谓也。"子曰:"生,事之以礼;死,葬之以礼,祭之以礼。"(为政第二)

许多人拿这句话强化父母的权威,对不听父母话的人视为"忤逆"和"不孝"。其实,这是对孔子言行的误读。孟懿子是鲁国权臣,他与叔孙氏、季孙氏三人瓜分了鲁国国君的权力,长期霸占朝政。对于这种僭越行为,孔子自然是不能容忍,借机有敲打警告之意。后人把"无违"推而广之,实在有违孔子初衷。钱穆先生说:"孔子乃言无违者,无违于礼,能以礼事亲,斯为孝。父母有不合礼,子女不当顺其非,必自以合礼者事父母,斯对父母为至敬,此即是孝。若顺亲非礼,是谓其亲不足与为善,又自陷非礼,此乃违逆其亲之甚。故无违为孝,乃为懿子一人言之。"[1]

日本学者子安宣邦对此也有相同的看法,他说:"所谓'无违'的'礼',是对权力者任意恣肆行为加以束缚的行为规范,这种行为规范是社会共同所承认的,像个钢箍一样能够限制权力。"[2]他还进一步指出:"这样的孝道及'孝'的教义,都被上溯至孔子,并冠以孔子之名大肆宣扬。就连孝道经典之《孝经》也被视为孔子的直传……这终归是为了扩展皇权而进行的意识形态性的孝道教育,与孔子在《论语》中所说的'孝'应该没有任何关联。然而尽管如此,由于孔子的话一直被视为孝道意识形态的渊源,我们重读《论语》中的相关言说就变得相当困难,因为那上面总晃动着帝国孝道的阴影。但我

---

① 钱穆:《论语新解》,生活·读书·新知三联书店2005年版,第31页。

② [日]子安宣邦:《孔子的学问——日本人如何读〈论语〉》,吴燕译,生活·读书·新知三联书店2017年版,第129页。

们不能用追寻帝国孝道之源流的方式来探索孔子的语言，而是必须通过重读，寻求孔子所说的'孝'，即寻求在转变成意识形态的'孝道'之后遗失了的内容。"①

因此，孔子对"孝"提出的"无违"，是在特定时间特定地点提出的，抑或者是有针对地提出了，但是如果以此扩大，无限上纲上线，则有悖孔子初衷。父母的话不一定全部正确，儿女对父母的话也不必全部遵行。有所为有所不为，是可以取舍的。但后人以此叠加，明清时代甚至逐渐成为压在人们心头的一座高山，实为不妥。

其实"孝"特为东亚社会所强调的。在美国人看来，"孝"对于儿女是一种"负债"行为，这种行为并不符合他们的价值标准。露丝·本尼迪克特在其著名的《菊与刀》中评述日本人的这种行为："这个概念并不专门指他对母亲的爱，还指在他是个婴孩时母亲为他所做的一切，在他是个少年时母亲为他所做出的牺牲，在他长大成人后母亲为提高他的利益而所做的种种，以及仅仅因为母亲存在而使他对她欠下的一切。这也表示还债，因此也意味着爱，但这种爱意味着负债，而我们美国人认为，爱是某种自由给予的东西，不受义务的拘束。""所有这一切都包括在孝道之内，都是子女应当还给父母的人情债。""孝道远不止是自己对于父母和祖辈的尊重和顺从，在中国，在日本，都是如此。就说对孩子的照顾吧，西方人把它说成是母亲的本能和父亲的责任感使然，而东方人则说那是出于对祖先的孝敬。日本人在这一点上是非常明确的：一个人给祖先报恩的方式，是把她自己曾经受到过的照顾转移到孩子身上。"②

由此看出，父母对于儿女的爱，西方人看作是"本能"或者是"责任使然"，日本人看作是一种"转移"——人对祖先报恩的方式，就是把他曾经受到过的照顾转移到孩子身上。而中国，则十分强调"反哺"，也就是儿女对父母的回馈报答。

房龙在《人类的故事》中这样评价孝行："孔子要求他的学生要孝敬父

---

① ［日］子安宣邦：《孔子的学问——日本人如何读〈论语〉》，吴燕译，生活·读书·新知三联书店 2017 年版，第 127 页。

② 露丝·本尼迪克特：《菊与刀》，译林出版社 2012 年版，第 68、83、84 页。

母,这是一种美德。但是他们很快就沉湎于对先辈的怀念上,而对他们子孙的幸福生活却很少关注。他们故意背对未来,并试图面对过去无边的黑暗。祭拜祖先成为一种宗教仪式,他们宁愿把稻子和麦子种植在贫瘠的岩石中间,也不愿让占据好山好水的先祖坟墓变成良田,这种亵渎祖先的事他们不会去做,反之,更愿意忍饥挨饿,苦度荒年。"①

这种评价虽然有些苛刻,但也反映了国人的某种事实,国人历来注重隐忍,这种隐忍的结果就是希望达到孟子所言老年"衣帛食肉"的境遇,但许多人这种愿望能否实现,常常取决于儿女是否"孝顺"上。

抱持"养儿防老"传统观念的国民,则更多强调"双向性",这种"双向性"的"恩养"和"孝敬"之间的确存在着一种"投资"和"负债"关系效应,也正是基于这种关系,中国式父母对于儿女近乎一种赌博,常常把"宝"押在儿女身上,寄希望儿女"成龙成凤",然后把自己带出困境,或者保障自己"老有所养"。这种押宝式的投资常常让中国父母迷失自我,迷失在病态式的期望里。中国式父母常常为了孩子委屈自己。当这种"投资"没有得到应有的"回报"时,就意味着"投资"失败。中国父母如果晚年愿望不能得到满足,甚至沦落孤独凄惨时,也就有了父母"状告"子女不孝的现象,这种事情大多是父母不得已为之的结果,舆论上对这种父母大多一边倒的支持,但却时常难以彻底改变"原告"——父亲或母亲——的任何处境,甚至处境更糟。这位父亲或母亲(大多孤老一人)即使得到儿女经济方面的"孝敬",但可能会遭受更多的"冷暴力"。这种现象固然应该得到社会的关注,但也应看到这种现象背后亲情被撕裂的冷漠。

现实中,还有一个值得注意的问题,中国传统总是把"第一碗饭"盛给家里的长辈,然后按照顺序盛饭。现实中,随着生活的改善,还有在"呵护关爱下一代"的口号下,许多人先把"第一碗饭"盛给了年幼的孩子,渐渐造成的后果是,许多孩子不知道"感恩",甚至不知"孝"为何物,不知道父母把最好的东西"给"了他们,反而把父母的呵护照顾视为一种理所当然的存在,也必然造成"感恩"或者"孝道"的实际缺失。"弑母"案的出现,背后的原因值得

---

① [美]亨德里克·威廉·房龙:《人类的故事》,徐船山译,中国妇女出版社2004年版,第174—176页。

深思！

近几年,国家大力弘扬家风建设。《中华人民共和国家庭教育促进法》应运而生,引导全社会注重家庭、家教和家风,增进家庭幸福与社会和谐,培养德智体美劳全面发展的社会主义建设者和接班人。① 在因为随着社会经济的转型,中国社会正在步入老龄化社会,而现实社会的高速运转却不会因此而停步,传统的一些观念明显落后于时代。譬如,我们一方面寄希望儿女"常回家看看",但儿女们大多成为社会的骨干,在这个极其激烈的竞争时代,势必难以"两全"。

自古忠孝难以两全,开明父母不会把孩子"拴"在身边,反而寄希望他们走得更远,飞得更高。正如《孝经》所言:"立身行道,扬名与后世,以显父母,孝之终也。夫孝,始于事亲,中于事君,终于立身。"

◎ 学思知行

孝的本始。孝是一个中国特有的概念,社会学意义的名词。中国自西周始,就有孝道。从家庭意义上讲,"孝"指对父母绝对权威的顺从;从社会意义上讲,"孝"即对统治者的敬畏和基于敬畏的绝对服从。表面上看,家庭以"孝顺""孝敬"为指导,有利于社会和谐稳定。被生育的人要对生育自己的人顺从、孝顺,赡养生育自己的人,这是汉文化价值观的公理性基础,不用论证的道德根基。这是西方文化所没有的。"其为人也孝弟,而好犯上者,鲜矣。不好犯上而好作乱者,未知有也"(学而第一)。即一个人孝顺父母,敬爱兄长,却喜欢触犯上级,这是很少有的情况;不喜欢触犯上级,却喜欢造反的人从来没有。封建社会里,君父同伦,君为天下父,行孝道就是行忠君之道,正所谓:"孝者,所以事君也"。小孝是敬、顺父母,父母建立了你的生活,你若不听从即为不孝;大孝则是忠于主子,制定的政策、体制你若有所叛逆即为"不忠",对统治者的"不忠"是灭门大罪,株连九族。身体发肤受之父母,毁伤则不孝,更何况自己人头落地,连累父母兄弟妻儿子女同赴黄泉,此

---

① 2021 年 10 月 23 日,第十三届全国人民代表大会常务委员会第三十一次会议通过《中华人民共和国家庭教育促进法》,自 2022 年 1 月 1 日起施行。

最大不孝,所以,"孝"的范围比忠大,不仅对父母而言,更重要的是对君父的忠,"忠"、"孝"是统一不矛盾的,为君父利益服务是其共同点。

孝于事亲。中国人常常遗憾于"树欲静而风不止,子欲养而亲不待",奉养父母不必等待,只需要在和父母朝夕相处的日子里保持一颗感恩的心,带着微笑,和父母聊聊家常,谈谈学习和工作。身为父母,竭尽诚心做好自己的"本能"或者表现出应有的"责任感",为儿女未来的远行提供一种原动力。父母同样不必全为儿女而活,而是应该有自己的生活。永远保持"活力"的父母,对于儿女而言,本身就是强大的"磁场",会对儿女保持着永久的"磁力"。

对于社会而言,建立新型的养老互助模式,是国家和社会应该积极考量和有所作为的一项重要课题。因为,这些老人曾经对于这个国家和社会付出了许多,而他们的子女正在服务着这个国家和社会的方方面面,国家有责任让这个社会中的大多数老人"有所依"而无"后顾之忧"!

对于青年来说,孝不是供养,而是在和父母朝夕相处的过程中,感受其中的温暖,并实时报以感谢,送上自己最甜美的笑容。

像尊敬领导一样尊敬你的父母,像关心同志一样关心你的家人。孝是温情,家是港湾,用心营造,就是"家天下"!

第九问
如何立身

子曰:"学而时习之,不亦说乎?有朋自远方来,不亦乐乎?人不知而不愠,不亦君子乎?"(学而第一)

曾子曰:"吾日三省吾身。为人谋而不忠乎?与朋友交而不信乎?传不习乎?"(学而第一)

子曰:"君子不重则不威,学则不固;主忠信,无友不如己者;过则勿惮改。"(学而第一)

子曰:"君子食无求饱,居无求安,敏于事而慎于言,就有道而正焉,可谓好学也已。"(学而第一)

子贡问君子。子曰:"先行其言而后从之。"(为政第二)

子曰:"君子周而不比,小人比而不周。"(为政第二)

子曰:"君子无所争,必也射乎!揖让而升,下而饮,其争也君子。"(八佾第三)

子曰:"君子之于天下也,无适也,无莫也,义之与比。"(里仁第四)

子曰:"君子怀德,小人怀土;君子怀刑,小人怀惠。"(里仁第四)

子曰:"君子喻于义,小人喻于利。"(里仁第四)

子谓子产:"有君子之道四焉:其行己也恭,其事上也敬,其养民也惠,其使民也义。"(公冶长第五)

子谓子夏曰:"女为君子儒,无为小人儒。"(雍也第六)

子曰:"质胜文则野,文胜质则史。文质彬彬,然后君子。"(雍也第六)

子曰:"君子坦荡荡,小人长戚戚。"(述而第七)

曾子曰:"可以托六尺之孤,可以寄百里之命,临大节而不可夺也。君子人与? 君子人也。"(泰伯第八)

曾子曰:"士不可以不弘毅,任重而道远。仁以为己任,不亦重乎? 死而后已,不亦远乎?"(泰伯第八)

子曰:"岁寒,然后知松柏之后凋也。"(子罕第九)

司马牛问君子。子曰:"君子不忧不惧。"曰:"不忧不惧,斯谓之君子已乎?"子曰:"内省不疚,夫何忧何惧?"(颜渊第十二)

子曰:"君子成人之美,不成人之恶。小人反是。"(颜渊第十二)

子曰:"君子和而不同,小人同而不和。"(子路第十三)

子曰:"君子泰而不骄,小人骄而不泰。"(子路第十三)

子曰:"君子义以为质,礼以行之,孙以出之,信以成之。君子哉!"(卫灵公第十五)

子曰:"君子病无能焉,不病人之不己知也。"(卫灵公第十五)

子曰:"君子疾没世而名不称焉。"(卫灵公第十五)

子曰:"君子求诸己,小人求诸人。"(卫灵公第十五)

孔子曰:"君子有三戒:少之时,血气未定,戒之在色;及其壮也,血气方刚,戒之在斗;及其老也,血气既衰,戒之在得。"(季氏第十六)

孔子曰:"君子有三畏:畏天命,畏大人,畏圣人之言。小人不知天命而不畏也,狎大人,侮圣人之言。"(季氏第十六)

孔子曰:"君子有九思:视思明,听思聪,色思温,貌思恭,言思忠,事思敬,疑思问,忿思难,见得思义。"(季氏第十六)

"文质彬彬,然后君子。"孔子如是说。

"天行健,君子以自强不息。""地势坤,君子以厚德载物。"《周易》如是说。

《论语》中,孔子言必称君子。做君子,不做小人,是孔子对自己的严格要求,也是对后学的殷切希望。

一、君子风度，"德才位"三位一体

孔子提出的"君子"，需要有才、有德，且有位。

君子之才，立己达人兼济天下。君子之才不但表现在有文采，更要有大才："可以托六尺之孤，可以寄百里之命，临大节而不可夺也。"（泰伯第八）在孔子看来，君子理想的活动场景，不是陋巷而是庙堂，"士不可以不弘毅，任重而道远。仁以为己任，不亦重乎？死而后已，不亦远乎？"（泰伯第八）"君子疾没世而名不称焉"（卫灵公第十五）；孔子的理想人格是"己欲立而立人，己欲达而达人"（雍也第六），以大爱之心博施济众，以君子之行兼济天下当仁不让，以君子之风修身齐家进而沐浴天下。

君子修德的最高目标不仅美其身，更要兼善天下。

钱穆先生说君子："受托孤之责，己虽无欺之之心，却被人欺。膺百里之寄，己虽无窃之之心，却被人窃。亦是不胜任。君子必才德兼全，有德无才，不能为君子。此说固是。但后世如文天祥史可法，心尽力竭，继之以死，而终于君亡国破。此乃时命，非不德，亦非无才，宁得不谓之君子？故知上句不可夺，在其志，而君子所重，亦更在其德。盖才有穷时，惟德可以完整无缺。此非重德行而薄事功，实因德行在我，事功不尽在我，品评人物，不当以不尽在彼者归罪于彼。"又说："以能问于不能，是弘。大节不可夺，是毅。合此五章观之，心弥小而德弥恢，行弥谨而守弥固。以临深履薄为基，以仁为己任为量。"①

钱穆先生认为，君子之才是第一位的，没有君子之才，关键之时不能肩负起应有的责任，不能拯救危亡，救民于水火，同样难以称为君子。当然，这是一个很高要求，所以他进一步解释说，君子亦有"穷时"，大厦将倾，独木难支，不能挽大厦于既倒，也在所难免。历史上的文天祥史可法都是这种情形，不是他们没有才能，而是"不得其时也"！

"君子之于天下也，无适也，无莫也，义之与比。"（里仁第四）君子之才以天下为己任，无可无不可，铁肩担道义，妙手著文章。

---

① 钱穆：《论语新解》，生活·读书·新知三联书店2005年版，第205—207页。

　　傅佩荣教授把孔子的这种思想归结为"淑世精神"。"读书人必须要有'舍我其谁'的精神,知其'不可为而为之',用个人的努力来改善这个世界。""作为一个读书人,总以为我只要尽我的力量去做,能不能达成目标是另一回事,至少我尽力了,这就是读书人的社会责任。而这一份尝试过,努力过的心愿,如果一代代传承下去,则可以维持整个社会的进步,世界的改善也就有了希望。"①

　　君子之风,光明磊落、光风霁月。君子之德,主要表现在胸怀上,有君子之风,更有君子之表,表里如一。君子之才表现在行动上,体现在结果上。但有时候好像不完全注重结果,如诸葛亮六出祁山虽没有太大功勋,依然"令无数人竞折腰",成为一代"宗臣"楷模。当然从"草庐"到"宗臣",本身就是一条不平凡的路。为人所敬仰也是应该的,何况遭遇一代枭雄曹操、孙权,能够帮助刘备三分天下,本身已是一项了不起的事业。

　　君子之风表现在情怀上,胸怀坦荡,光风霁月肝胆相照。"君子坦荡荡,小人长戚戚"(述而第七),因为坦荡,他们生死莫逆肝胆相照,他们"不忧不惧"(颜渊第十二);因为坦荡,他们讲究团结,甚至刻意隐忍,但他们不搞小团伙,不组小圈子,所谓"君子周而不比,小人比而不周"(为政第二),他们重然诺、重道义,他们所做的一切,努力符合道义("义与之比""义以为质"),他们为了崇高的道义,可以不择手段,但无论什么手段都不是为"已",而在于为人为了心中的天下:"君子之于天下也,无适也,无莫也。"(里仁第四)无可无不可,无为无不为,一个基本行为准则就是"君子成人之美,不成人之恶"(颜渊第十二)。

　　孔子对君子之德曾做过生动譬喻:"君子之德,风。小人之德,草。草上之风,必偃。"(颜渊第十二)钱穆先生释曰:"德,犹今言品质。谓在上者之品质如风,在下者之品质如草……凡其人之品德可以感化人者必君子。其人之品德随人转移不能自立者必小人。是则教育与政治同理。世风败坏,其责任亦在君子,不在小人。"②

　　"君子以厚德载物"(《周易·象传》)。古人赋予君子崇高的使命,就是

　　① 傅佩荣:《国学的天空》,陕西师范大学出版社 2009 年版,第 90、92 页。
　　② 钱穆:《论语新解》,生活·读书·新知三联书店 2005 年版,第 319、320 页。

像风一样影响大众,像大地一样承载万物,化育大众。君子之德,如高山仰止,难以企及;君子之才如雷霆万钧,动若霹雳,同样难以效仿;只有君子之风,和蔼近人,可以意会力行,也多为大家争相追随!

凡有道德,可蔚然成风! 所有行止,皆如沐春风。

君子之位,临深履薄三畏九思。"有位"主要表现在君子在人们心中的地位,或者指他们的影响力辐射力。"君子疾没世而名不称焉"(卫灵公第十五),孔子周游列国,游说诸侯,就是希望自己的政治理想得到实现。"君子不重不威"(学而第一),只有自立自强,自尊自重,才能有守有德有位,所谓"壁立千仞,无欲乃刚"(林则徐语)。

君子有了位,才能发挥其应有的影响力:"其行己也恭,其事上也敬,其养民也惠,其使民也义"(公冶长第五)当然,君子总是寻求内达,严以律己,宽以待人,他们不断充实自己,提升自己,完善自己,他们有"威"更有"畏",战战兢兢,如临深渊,如履薄冰。思想上君子有"三畏:畏天命,畏大人,畏圣人之言"(季氏第十六),在行动上落实"九思",即"视思明,听思聪,色思温,貌思恭,言思忠,事思敬,疑思问,忿思难,见得思义"(季氏第十六),"敏于事而慎于言,就有道而正焉"(学而第一)用于减少失误,实现君子之位。

钱穆先生解释说:"畏天命,天命在人事之外,非人事所能支配,而又不可知,故当心存敬畏;畏大人,大人,居高位者,临众人之上,为众人祸福所系,亦非我力所能左右,故不可不心存敬畏;畏圣人之言,古先圣人,积为人尊,其言义旨深远,非我知力所能及,故亦当心存敬畏";"三戒在事,三畏在心。于事有所戒,斯于心有所畏。畏者,戒之至而亦慧之深";"先以视听,次以色貌,次接之以言与事。有事斯有疑,有忿,有得,皆于事举其要。"①

现代人不迷信,自认为"人定胜天",但其结果往往是对大自然的肆意破坏,土地沙漠化,沙尘暴等席卷而来,人们不得不反省自己的做法,来保持人类与自然的和谐。

对于名位和权力,人必须有"战战兢兢,如临深渊,如履薄冰"的心理建设。把权力当成重担,国泰民安;把权力当成享受,势必难久。

————————————

① 钱穆:《论语新解》,生活·读书·新知三联书店2005年版,第435、437页。

二、学为君子，勿为小人

学者沈敏荣、王阳春认为，"在孔子的仁学思想中，有很多不同的人格概念，如君子、小人、大人、圣人、贤人、士、中人等，这些人格概念在阐释孔子仁学思想中发挥了重要作用，但学界对这些人格概念之间的关系缺乏系统、完整的梳理。"他们认为"在孔子仁学中，君子并非与小人相对，而是超越小人的一种状态。小人是成长的起点，只是人格初成，需要锤炼，而后才能进阶成中人。"①

孔子的确在《论语》中没有明晰君子小人的内涵和外延，只是提出了行为对照。对于学习，孔子提出："女为君子儒，无为小人儒。"什么是君子儒小人儒，孔子并没有展开。后来的荀子在《劝学》中借机发挥，提出君子之学和小人之学：

> 君子之学也，入乎耳，着乎心，布乎四体，形乎动静。端而言，蝡而动，一可以为法则。小人之学也，入乎耳，出乎口；口耳之间，则四寸耳，曷足以美七尺之躯哉！古之学者为己，今之学者为人。君子之学也，以美其身；小人之学也，以为禽犊。故不问而告谓之傲，问一而告二谓之嘈。傲，非也，嘈，非也；君子如向矣。

对于君子和小人，孔子不厌其烦地做了许多对比：

其一，利义之辨：君子怀德，小人怀土。君子怀德，德就是利己、利他、利天下，正如孟子在《孟子·尽心上》中所言"摩顶放踵利天下"，也正如于谦所言："粉身碎骨浑不怕，要留清白在人间。"小人"怀惠""怀土"，就是小人的生活目的和人生追求，活着为了一张嘴，追求的就是自身利益。"人不为己，天诛地灭"，但古人崇尚的君子应该放弃小我，追求大我，以公共利益为念，正如范仲淹那句名言："先天下之忧而忧，后天下之乐而乐！"

其二，言行之辨：周而不比和比而不周。朱熹解释为："周，普遍也。比，

---

① 沈敏荣、王阳春：《〈论语〉中人格谱系研究——以中人人格为中心》，载《武陵学刊》2019 年第 4 期，第 1、3 页。

偏党也。"钱穆先生进一步解释为:"周,忠信义。比,阿党义。《论语》每以君子小人对举。或指位言,或者德言。如谓在上位。居心宜公,细民在下,则惟顾己私,此亦通。"①简而言之,言行之辨,就在于公私之别。君子"群而不党",可以志同道合,但绝不会结党营私,为了心中大道,可以"和而不同";小人反是。

其三,情怀之辨:坦荡和泰与戚戚邀宠。君子常常不设防。不设防的主要原因在于心底无私,无愧无疚质地洁净,这样的君子可以无牵无挂,无论身处何种情景都能安然自得,上不怨天,下不尤人。"不忧不惧",这是一种光明磊落的爽朗。晴空万里,光风霁月,烛照人间。而小人心里常常有着太多的不安定,欲望太多得到太少,所以心中有太多"戚戚",所以要处处设防,像下跳棋一样,不但堵住别人的路,也时常堵住自己的发展之路。

其四,结果之辨:成人之美和乘势而危。余秋雨对此有独到的见解,他认为"成人之美"是一种"锦上添花的正面建设,而且具有一定的形式享受",是"一项多方位的社会工程,只不过都是正面的,大体上分为三种可能:一、使未成之美尽量完成;二、使未起之美开始起步;三、化非美为美,也就是让对方由污淖攀堤岸。""体现为一种带有大丈夫气质的积极作为。"而小人相反,小人要"成人之恶","必须寻找恶的潜因,恶的可能,随之,还要寻找善的裂纹,美的瘢痕"②。

余秋雨认为,精神需要赋形,人格需要可感,君子需要姿态。这不仅仅是一个"从里到外"的过程,而且也能产生"从外到里"的反馈。当外形一旦建立,长期身体力行,又可以反过来加固精神,提升人格。③

孔子言:"岁寒,然后知松柏之后凋也。"(子罕第九)

君子如青松翠柏,成了中国人永恒的标杆。正如陈毅元帅吟咏那样:"大雪压青松,青松挺且直。要知松高洁,待到雪化时。"

---

① 钱穆:《论语新解》,生活·读书·新知三联书店2005年版,第39页。
② 余秋雨:《君子之道》,北京联合出版公司2014年版,第24、29页。
③ 余秋雨:《君子之道》,北京联合出版公司2014年版,第35页。

三、历史上为什么君子"斗"不过小人

《论语》中的"小人"虽然都带有贬义，但并不等同于今日所谓的"卑鄙小人"，并没有"奸险狡诈""口蜜腹剑""损人利己"等今日所谓的意思。换句话说，他们或许只是"见识浅陋""胸无大志""营营役役谋求生计"的"小人物""小角色""小市民"等平民百姓，是身份上的卑微，开门七件事，为了讨生活，重视利益，害怕麻烦，在隙缝中过日子。小人物不会也不敢为非作歹，但也不肯慷慨赴义；为了让自己或者家人过得舒服一点，他们会尽量迎合达官贵人，这样的人充斥现实社会，没有人会有所戒惧，每个人都可能成为其中一员，但在孔子看来就是危机。

到了后来，小人从身份上的卑微逐渐趋向心理上的阴暗，这种阴暗，无关身份地位，出现在不同阶层、群体。在每一场危机背后，都看到小人的影子，而且这种暗影越来越强大。是道高一尺，还是魔高一尺，就像旋转的风车，总是在不停地转，至今也没有定论！

但在中国历史上，似乎小人多是战胜了君子。

为什么君子斗不过小人？

首先主要在心理。君子有所爱而有所畏，进而有所局限，不敢放手一搏，更不愿与小人硬碰硬地纠缠；小人无所爱就无所惧：光脚的不怕穿鞋的。小人缠住了君子，就像藤蔓缠上乔木，受到伤害的时常是君子。

君子爱家人爱他人爱社会爱国家，也爱惜羽毛，珍惜自己的名声和地位；而小人则是除了爱自己什么都不爱，更不在乎什么名声地位，所以他们无所顾忌。

君子重名。"君子疾没世而名不称焉。"（卫灵公第十五）生前不愿名声受损，死后更不愿承受污名。小人重利，为了利益可以蝇营狗苟，可以出卖朋友，甚至出卖自己。为了让自己利益最大化，他们常常会不择手段。

"人是非常敏感的动物。感情高于一切：不仅生来渴望被人爱，也希望自己是可爱的，或者希望自己本来就很招人喜欢；他害怕被别人讨厌，也害怕自己真的让人讨厌，或者害怕自己生来就遭人嫌弃；他期待来自他人的赞赏，也希望自身值得他人赞赏，或者说即使得不到他人的赞赏，依然自信地

认为自己很优秀,无愧于任何溢美之词。"①人过留名,雁过留声。爱惜羽毛、名声就是君子人格最为高尚的标识,也最软弱的部位。《围炉夜话》中有这样一段文字:

> 君子存心,但凭忠信,而妇孺皆敬之如神,所以君子落得为君子;
>
> 小人处世,尽设机关,而乡党皆避之若鬼,所以小人枉做了小人。②

一个光明,一个阴暗,此段文字褒贬分明,也道出了两种人的处世观。君子重名,以忠信行走于世,小人则暗中窥伺,常常不择手段。君子不屑与小人对垒,常常失去先机。如果受到小人侵犯依旧畏首畏尾,势必更加窘迫,而小人则会步步紧逼;如果君子不能以小人之道反制小人,结果常常不言而喻。

《孙子兵法》中有"将有五危":"必死,可杀也;必生,可虏也;忿速,可侮也;廉洁,可辱也;爱民,可烦也。"如果把君子和小人之见视同战争,孙子所言的"五种危险",其中的"廉洁""爱民",正是君子最容易看重的操守,而"必死""忿速",常常就是君子性情上的软肋!

因此,每当君子和小人对垒的时候,小人总是能抓住君子的"软肋",像一条狗一样紧咬不放,他甚至高举着各种道德的大旗,让君子有所顾忌,不敢放手一搏,最后束手无策无所作为,最终俯首听命。这也是老庄他们看到了儒道的软肋,不失时机提出:"神人无功,圣人无名,至人无己!"如果你放下一切包袱和小人对垒,自然可以不忧不惧任何小人。

《论语》中有这样一则对话:

宰我问曰:"仁者,虽告之曰'井有仁焉',其从之也?"子曰:"何为其然也?君子可逝也,不可陷也。可欺也,不可罔也。"(雍也第六)

孔子认为,君子不可做呆头鹅,任人玩弄于股掌之上。君子不可被蒙

---

① ［英］亚当·斯密:《国富论》,中国文联出版社 2016 年版,第 94 页。
② 王永彬:《围炉夜话》,书海出版社 2001 年版,第 49 页。

蔽,更不可被打败。不得已,君子可以"走为上",但不能陷入罗网,任人宰杀!

如果君子不能打破这种心理定势,不能够狠下心来,硬下心肠,厚下脸皮,和小人对垒最终的结果只能以失败告终。要想战胜小人,必须不怕阳谋,更无惧小人阴谋,甚至为了达成目的同样"不择手段":"君子之于天下也,无适也,无莫也,义之与比。"(里仁第四)

以君子的姿态对待君子,以小人的方式对待小人,这才是君子的大道。

当然,君子坦荡荡,如果为了小人斗,无疑会拉低了自己的层次和境界。《菜根谭》中有话说得好:"石火光中争长竞短,几何光阴? 蜗牛角上较雌论雄,许大世界?"面对无畏的争执,君子不妨吃得小亏,忍下小忿,风物长宜放眼量。

◎ 学思知行

做人之本。"人"字易写,而难解,更难做。一撇一捺间,不问地域、国别、性别、行业,单论行迹,有好人、坏人、善人、恶人、贤人、奸人、贵人、小人、两面人,有文人、武人、强人、弱者、美人、丑人、怪人,有恩人、仇人、凡人、奇人、圣人、庸人,有犯人、贱人、浪人、俗人、滑人、浑人,还有高人、能人、名人、伟人、完人……凡此种种,不胜枚举。

做何等人? 行何等事? 立何等业? 无疑是人性光辉的最高体现,所以,许慎在《说文解字》中给"人"的定义是:"人,天地之性最贵者也。"如果我们进一步追问:"人之性最贵者何?"我辈必曰:"有所守。"有所守,方能有所猷、有所持、有所待、有所达、有所成,方能历经千年,任沧海桑田也能巍然屹立在人们心中。

常言道,打铁还需自身硬。个人的硬实力不断提升才是自己实现尊严价值的底气。如果没有足够的实力、底气,没有强大的心智模式和坚实的行动力,恐怕连施展才华的资格和舞台都没有。毕竟,在生活战场上赢不回来的东西,就别指望他人帮你。如果没有一次次的历练、磨炼,恐怕我们谁也无力实现梦想成真的希冀。

立君子风。"文质彬彬,然后君子。"(雍也第六)君子风度是孔子最欣赏的一种人生境界,也是其努力践行的人生追求。理想并非空挂,而要付出坚实的行动。不为利益所困,不为虚名所扰,更不被小人打倒,这就是君子之度;以入世之心积极进取努力建树,以出世之心超然淡泊无挂无碍,义之与比,于千万人中,一往无前,这是君子之风。

在这个社会中,青年人的"立"首先是独立,独立自主,成家立业"不啃老"。其次是确定自己人生规划,努力有所建树。当经济条件许可的时候,培立自己精神的基石,做"一个高尚的人,一个纯粹的人,一个有道德的人,一个脱离了低级趣味的人,一个有益于人民的人"(毛泽东《纪念白求恩》)。

至少,最基本的,学做好人,有一颗善良的心!

第十问
如何为学

子曰:"学而时习之,不亦说乎?"(学而第一)

子夏曰:"贤贤易色,事父母能竭其力,事君能致其身;与朋友交,言而有信,虽曰未学,吾必谓之学矣。"(学而第一)

子曰:"温故而知新,可以为师矣。"(为政第二)

子曰:"学而不思则罔,思而不学则殆。(为政第二)

哀公问:"弟子孰为好学?"孔子对曰:"有颜回者好学,不迁怒,不贰过,不幸短命死矣。今也则亡,未闻好学者也。"(雍也第六)

子曰:"衣敝缊袍,与衣狐貉者立而不耻者,其由也与?'不忮不求,何用不臧?'"子路终身诵之。子曰:"是道也,何足以臧?"(子罕第九)

孔子曰:"生而知之者,上也;学而知之者,次也;困而学之,又其次也;困而不学,民斯为下矣。"(季氏第十六)

孔子曰:"君子有九思:视思明,听思聪,色思温,貌思恭,言思忠,事思敬,疑思问,忿思难,见得思义。"(季氏第十六)

子曰:"由也,女闻六言六蔽矣乎?"对曰:"未也。""居,吾语女。好仁不好学,其蔽也愚;好知不好学,其蔽也荡;好信不好学,其蔽也贼;好直不好学,其蔽也绞;好勇不好学,其蔽也乱;好刚不好学,其蔽也狂。"(阳货第十七)

子曰:"小子何莫学夫诗。诗,可以兴,可以观,可以群,可以怨。迩之事父,远之事君;多识于鸟兽草木之名。"(阳货第十七)

子夏曰:"日知其所亡,月无忘其所能,可谓好学也已矣。"(子张第十九)

乐学,学习是一件快乐的事。

但现实中,学习常常和"刻苦""吃苦"联系起来,甚至钱文忠教授也大言学习是件刻苦的事情,把"快乐学习"批评得一无是处。在中国人的治学格言中,学习常常与刻苦相关:"十年寒窗""闻鸡起舞""悬梁刺股""板凳要坐十年冷""宝剑锋从磨砺出,梅花香自苦寒来",等等。

其实两者本不矛盾。

一、乐在其中,学习其实很快乐

在《论语》中,孔子屡屡赞美学生颜回:"一箪食,一瓢饮,在陋巷,人不堪其忧,回也不改其乐!"颜回的辛苦大家都可以看见,但颜回的快乐却少有人感知。在许多自以为是的人看来,颜回应该与快乐绝缘,但他们岂知读书人的快乐?!

"何陋之有?"就是孔子对学习环境恰如其分地回答。

读书人的快乐如同庄子和惠子的"濠梁之辩",子非鱼安知鱼之乐?同样,你不入其门不登堂入室,很难体会到读书人的真正快乐。在读书人看来,发现新知是一种快乐;与人探讨切磋举一反三是快乐;独处的时候,反复咀嚼轻吟低咏偃仰啸歌是快乐;抑或登高长啸高歌都是快乐。登山则情满于山,观海则情溢于海,读书人的快乐在山水天地之间,亦在局促一室之内。

或者,如归有光在《项脊轩志》中所言:"借书满架,偃仰啸歌,冥然兀坐,万籁有声;而庭阶寂寂,小鸟时来啄食,人至不去。三五之夜,明月半墙,桂影斑驳,风移影动,珊珊可爱。"

"日知其所亡,月无忘其所能,可谓好学也已矣。"(子张第十九)太阳每天都是新的,知识不断咀嚼温故而知新,同样每时每刻都是新鲜的,读书人天天在咀嚼新鲜的干果,怎能不快乐?

同样,把学到的知识学以致用,努力践行,也是快乐。颜回每天会把老师教的知识不断反刍,子路会把老师告诉他的知识付诸行动,甚至临死之时,还不忘老师教导,正衣冠坦然而死。

正是这种快乐,让他们乐知、乐学、学乐,让他们"得鱼忘筌",领略南山之美,让他们"悠然心会,妙处难与君说"。

正是这种快乐，让他们以超然的心态对待周围的一切。他们不在乎吃（孔子说"食无求饱"），不在乎穿（衣敝缊袍，与衣狐貉者立而不耻者，其由也与！），不在乎住（孔子所谓"居无求安"），甚至不在乎"名"，只求其"实"。

他们是一群极简主义者，快乐地学习，也快乐地享受！努力充实每一天，快乐每一天！

"不忮不求，何用不臧？"正是这种不妒忌不贪求，让他们"不迁怒，不贰过"，"日知其所亡，月无忘其所能"，"温故而知新"！

孔子把"乐之"当作学习的至高境界："知之者不如好之者，好之者不如乐之者。"（雍也第六）因为"乐之"，可以"学而不厌"，可以"不耻下问"，自觉勤学、主动学、虚心向他人学习，进而达到"敏以求之""学而不厌""三人行必有我师"的求学之境。最后达到"发愤忘食，乐而忘忧，不知老之将至"的大成境界。

从孔子一则学习小故事中，我们可以管中窥豹：孔子学鼓琴师襄子，十日不进。师襄子曰："可以益矣。"孔子曰："丘已习其曲矣，未得其数也。"有间，曰："已习其数，可以益矣。"孔子曰："丘未得其志也。"有间，曰："已习其志，可以益矣。"孔子曰："丘未得其为人也。"有间，有所穆然深思焉，有所怡然高望而远志焉。曰："丘得其为人，黯然而黑，几然而长，眼如望羊，如王四国，非文王其谁能为此也！"师襄子辟席再拜，曰："师盖云《文王操》也。"（《史记·孔子世家》）

正是因为学习是一种快乐的事情，孔子由"习其曲，习其术，习其志"，最后"得其为人"，这种"沉浸式"学习，自然可以习得个中三昧。

此外，古人通过学习还达成"兴观群怨"，自由地表达自己的主张，丰富自己的情怀，提升自己的综合素养。一如荀子所言："君子之学也，以美其身。"

孔子说："古之学者为己，今之学者为人。"（宪问第十四）学习的出发点在于构建自主性和全面发展的独立的人，实现自身的完善甚至超越式提升。其次才是"事君"服务国家。后来，许多人读书大多出于功利性目的，"学得圣贤书，货与帝王家"，待价而沽，即使像苏秦那样头悬梁、锥刺股，匡衡凿壁偷光也不过是为了以后的"光荣和梦想"罢了。今日的许多学生，学习也只为了换得明天的一份大学录取通知书或者人生的饭碗,未免目光短浅,难免会觉得苦不堪言!

日本学者子安宣邦反省日本现代教育,他对比了日本明治维新时期和今日学习差别,说"明治少年之形象":"胸怀青云之志,负笈奔赴崭新的学习之场"。"进了现代,所有的'学'都归属学校教育。这种学校教育,如何为少年们之'学'提供方向与动力呢? 现在的少年们还拥有向学之志吗?"①

为什么今日学子常感到学习苦不堪言,恐怕正是缺少"向学之志",更缺少"为中华崛起而读书"的青云之志! 归根到底,是缺少学以致远的情怀! 一味钻到"钱途"中,这样的教育,人生少大志,国家没有动力,民族没有希望!

二、学以致用:先学做人后学做事

学者付粉鸽认为,儒家教育家不仅提倡立志好学、发愤图强,且推崇学以致用,主张学习不能纸上谈兵、空谈理论,而应该学而时习之,重视知识和学问的运用。这种运用在儒家视域中包含两个方面:第一,指在个人生活实践中的运用,即身体力行;第二,将学问外推,积极在社会中运用,即经世致用。因此,身体力行是儒家学习观的一大特点。古代教育家皆主张言传与身教相结合,不仅注重知识的讲解和理论性传播,更重视对知识的体悟和实践性贯彻。②

"学而时习之",是孔子强调的学习方式;"温故而知新",则是强调学习技能。这不但是一种学习的方式,更是一种不断地反省自身的过程。学以致用,学习不是为了获得某种知识,而是把外在的知识内化吸收转化为内在品质和气度,即君子之风。

因为学习的目的不是为了"求名",不是为了工作"晋级",而是为了"立",为了成就大写的人而特"立"或独行。所以需要时时检视自身,不断巩

---

① [日]子安宣邦:《孔子的学问——日本人如何读〈论语〉》,吴燕译,生活·读书·新知三联书店 2017 年版,第 45 页。

② 付粉鸽:《儒家学习论对研究生教育的启示》,载《长安大学学报(社会科学版)》2015 年第 2 期,第 118 页。

固自己，完善自己，提升自己，到了最后，他举目四望，不觉之中，自己已经成为一座高山。

而现代人，在学海里挣扎，在题海里晨昏沉浮，在人生之路上匆匆行进，常常忘记审视周围风景，为了学习而学习，时常忘记了初心。有句话说得好，我们许多人匆忙地行走在路上，而把灵魂丢在身后。

学以致思，是孔子检视自身的金玉良言。"学而不思则罔，思而不学则殆。"（为政第二）"博学而笃志，切问而近思。"（子张第十九）当然，一味思考不去学习，照样无益，孔子还说"吾尝终日不食，终夜不寝，以思，无益，不如学也"（卫灵公第十五）。在学习的基础上，不断反思自己，为此孔子提出"九思"主张："视思明，听思聪，色思温，貌思恭，言思忠，事思敬，疑思问，忿思难，见得思义。"（季氏第十六）

日本学者子安宣邦认为，"学"即是追随前人，先师为学。"思"即是反问己心。孔子认为只学而不已思则昏而不明，只思而不学则很危险。"人的精神活动中包含被动的学习与能动的思索两个侧面。也可以说，人就是一种'学'的存在。人若不首先学父母以及周围的成年人，就无法自立。'学'这一被动的过程，是人的自立活动的基础。人要自立，首先必须通过学习的方式来理解并接受自己存在于其中的世界，接纳这个世界为人的自立提供的基点。可以说，有了被动学习的基础，人才能进行主动的、自立的精神活动。如果缺少通过学习接纳世界的过程，人能真正自立吗？或许表面上看起来自立，实际上是自己的任意妄为而已吧！没有被动基础的自立，人会因为自己的妄为而陷入危险的境地。然而，一味只是被动地接受，却不具备主动反省思考的精神能动性的人，则无法用自己的眼睛来看世界，也看不清世界。对这样的人而言，世界始终是昏暗模糊的一片混沌。"①

只有在"自立"的基础之上，通过"学"和"思"不断检视自身，不断践行那些人生格言，才能准确把握处世的"度"。孔子一直强调身体力行，这样才不会脱离实践，更不会一味空想而陷入近乎走火入魔的"罔"的境地。

学以致用，是孔子学习的重要原则。知识基本的运用至少自身可以"多

---

① ［日］子安宣邦：《孔子的学问——日本人如何读〈论语〉》，吴燕译，生活·读书·新知三联书店2017年版，第45页。

识于鸟兽草木之名"，中等运用在于"事父"，长远的运用在于"事君"，学而优则仕，学成以后出来服务社会，报效国家。

学以修身，是孔子倡导学习的重要目的。学习不是只为获得外在知识的利禄之学或"悦人之事"，更是为修养自身、完善德性的为己之事，此之为成人之学，即做学问首先是为了做人。一个人不管学习何种知识，首先需要学习做人的学问。做合格的人才能做正确的事。①

当然，孔子一直倡导的"文行忠信"，其实就是强调先学做人，再学做事情，才是有循。学习与其说是学习知识，不如说是形成某种良好的习惯或者准确地说形成某种做人的品质、干好事情的素养。在孔子看来，"贤贤易色；事父母能竭其力；事君，能致其身；与朋友交，言而有信。虽曰未学，吾必谓之学矣！"（学而第一）

古人言："古之学者，得一善言，附于其身；今之学者，得一善言，务以悦人。"儒家主张学习应是为了彻底解决学习者自身的问题，通过学习不断提升自我认知、自我改造与自我完善的程度，实现自我的立定与超越，成就自己认知的一种完满无憾的人生。这就决定了"为己之学"在发展进程上乃是一种学习者从"小我"向"大我"不断进行的"由凡臻圣"的过程。②

关于教育，爱因斯坦有句名言，可谓振聋发聩。他说，所谓教育，就是你在学校里学到的全部知识都忘掉之后，剩下的那些部分。那些剩下的部分是什么，无非是孔子一生一以贯之的这些信条。

三、不学习的危害：六言六蔽

孙子提出"将有五危"，孔子提出君子"六蔽"。任何事物都是双刃剑，过犹不及，这正是孔子推崇"中庸之道"的根本原因。

在《论语》中孔子提出"六言六蔽"是："好仁不好学，其蔽也愚；好知不好学，其蔽也荡；好信不好学，其蔽也贼；好直不好学，其蔽也绞；好勇不好

---

① 付粉鸽：《儒家学习论对研究生教育的启示》，载《长安大学学报（社会科学版）》2015 年第 2 期，第 117 页。

② 杜钢：《古典儒家的学习观：一个"为己之学"的视角》，载《教育评论》2016 年第 11 期，第 164 页。

学,其蔽也乱;好刚不好学,其蔽也狂。"(阳货第十七)

仁、知、信、直、勇、刚,这六个字无疑是人们追求的德行,但任何事情过了头,总是"过犹不及"。从另一个角度来讲,也突出反映了若不认真学习的种种危害。

好仁不好学,其蔽也愚。正像"井有仁焉',其从之也?"之类的问题,孔子反对一切形式的"愚忠""愚孝"和"愚仁",在孔子看来,一个具有仁心的人,如果一味仁慈,像寓言故事中"东郭先生和狼""农夫和蛇",都是真正愚蠢的行为。慈悲生祸害,方便出下流。慈母多败儿,庸主常亡国,正如南怀瑾先生讲:"仁爱有一定的范围,超过了范围,就变成私了。如果有偏心,他对我好,我就对他仁爱,这是不可以的,只要偏重仁爱,偏私就会来。自古庸主败亡者多仁慈而不智,项羽,梁武帝等人,其例甚多"。①

司马迁评价项羽:"自矜功伐,奋其私智而不师古,谓霸王之业,欲以力征经营天下,五年卒亡其国,身死东城,尚不觉寤,而不自责,过矣。乃引'天亡我,非用兵之罪',岂不谬哉!"(《史记·项羽本纪》)可谓一语中的!

好知不好学,其蔽也荡。"真名士自风流","名士风流大不拘",但也有一些名仕放荡不羁,会给自己和家人带来灭顶之灾。南怀瑾先生认为:"聪明才智的人,心思灵敏,很有智慧,用之于正,对社会有贡献,而相反的就是奸,做作,这是智慧的反面……"②

《说苑》言:"君子之权谋正,小人之权谋邪。"所以如人们常说,流氓不可怕,就怕流氓有文化。有点文化的人不好好用于正途,小者成为钱理群教授所言的"精致的利己主义者",大者成为日本说的"知识浪人",与国家、与社会、与个人、与家庭,都不是什么有幸的事!

好信不好学,其蔽也贼。"信",可以是"言而有信",讲"诚信"。对人讲信用,好像没有什么不好,但是一味地"信人",则未见其明。兼听则明,偏信则暗,如若过于偏信,则会引狼入室;同样,"信"也可以理解为"自信",而过分的自信就是"自负",刚愎自用,同样不是什么好事。所以,这个"贼",就是"杀"的意思,不分时间、不分场合地选择"信",可能为自己引祸。

---

① 南怀瑾:《历史的经验》,复旦大学出版社2002年版,第11页。
② 南怀瑾:《历史的经验》,复旦大学出版社2002年版,第31页。

好直不好学,其蔽也绞。正直是一个人优秀的品德,一个正直的人如果不好学习,只是一味地"较真",就会不通情达理。"死脑壳""不撞南墙不回头""老实人气死人",诸如此类的言辞,就是对"好直"的评论。正直本无可厚非,但一味好直而不辨认清形势,未必是福;好直如果不加学习,对错误的事情还要固执己见,更是错上加错。德国某将军把人分为四类:聪明且懒惰的,可以当领导;聪明人且勤快的,努力当参谋;愚笨又懒惰的,可以当士兵(员工);愚笨又勤快的,直接开除。这个观点用在正直人身上未尝不可。

好勇不好学,其蔽也乱。勇敢的人常常是无所畏惧的,冲锋陷阵,勇往直前,都是其美德的表现;但需要警惕的是,无所畏惧者,就可能有"反骨",轻者藐视纪律,重者以下犯上。所以,孔子对"好勇"的子路提出了这样的忠告:"君子义以上。君子有勇而无义为乱,小人有勇而无义为盗。"

在孔子看来,"义"字当头,"勇"才见其可贵。如果失去了"义",勇就可能成为反面教材,甚至犯上作乱,铤而走险。

任何事物都有其两面性,有正面就有反面。《长短经》中说:"资勇悍,不以卫上攻城,而反以侵凌私斗。"南怀瑾先生解释说:"有的人,勇敢彪悍,可以做军人,保卫国家,而结果走错了路,如现代青年,当太保流氓,好勇斗狠去欺负人,成为私斗,这是勇的反面。"①

好刚不好学,其蔽也狂。"壁立千仞,无欲则刚。"一身正气,刚正不阿,就是对刚强者的赞美!但是"刚"与"强"常常结合,结合的结果是不畏强敌,但也会陷入"狂妄","舍下一身剐,敢把皇上拉下马"就是最好的注脚。如果行为有益于国家,无疑值得大大赞美;如果只是逞强好勇,犯下杀身之祸,则需要深深警醒。后人甚至提出:"柔弱乃立身之本,刚强是惹祸之胎。"就是一种矫枉过正。

"何意百炼钢,化为绕指柔。"摧刚为柔,刚柔并济,无疑是古人对大丈夫的期许!

在孔子思想中,学习是一种先"为己"的事业,学以修身,达成一个独立自主、全面发展的人。其次,学以致用,不仅指个人的身体力行,而且更指将

---

① 南怀瑾:《历史的经验》,复旦大学出版社2002年版,第30页。

所学加以运用,由内圣而达外王,积极作为、建功立业。①

◎ 学思知行

学习之乐。如果在学习方面,你的方式方法已经"登堂入室",你就会发现,学习是一种快乐的事。学习,立身,扬名,安天下,成就不朽的事业,这就是古人学习的事业。孔子言:"诵《诗》三百,授之以政,不达;使于四方,不能专对;虽多,亦奚以为?"这一点警醒我们,学习决不能成为范进、孔乙己式的书呆子,而是通过学习,不断修己达人,积极进取有所作为,拥有处理好、解决好直面问题的智慧,具备笑傲一切得失的宽广情怀。

学习之道。学一学庖丁解牛,由"技"入乎"道"。对外遵从事物的内在规律,格物致知,对内遵从自己的内心法则,寻找内心的"星辰大海"。黑塞在《读书的目的和前提》中说,"真正的修养不追求任何具体的目的,一如所有为了自我完善而做出的努力,本身便有意义。"又说,"它的目的不在于提高这种或那种能力和本领,而在于帮助我们找到生活的意义,正确认识过去,以大无畏的精神迎接未来。"

学习之省。"问世间,学为何物?"孔子在《论语》中并没有给我们一个明确的答案,但我们应该不断叩问内心,用躬行内省的方式,追寻已经失落谷底的"学"的本真意义。学、习是两步走,理解学得知识、习得本领的各自要义。不是为了某一张入学券,某一张文凭,或者是将来一个饭碗,而是教给我们一种生活的基本能力。诗意学习、诗意生活和诗意地享受,就是其中一种重要意义。

---

① 付粉鸽:《儒家学习论对研究生教育的启示》,载《长安大学学报(社会科学版)》2015年第2期,第118页。

第十一问
如何为政

子曰:"道千乘之国,敬事而信,节用而爱人,使民以时。"(学而第一)

子曰:"为政以德,譬如北辰,居其所而众星共之。"(为政第二)

子曰:"道之以政,齐之以刑,民免而无耻;道之以德,齐之以礼,有耻且格。"(为政第二)

哀公问曰:"何为则民服?"孔子对曰:"举直错诸枉,则民服;举枉错诸直,则民不服。"(为政第二)

季康子问:"使民敬、忠以劝,如之何?"子曰:"临之以庄,则敬;孝慈,则忠;举善而教不能,则劝。"(为政第二)

或谓孔子曰:"子奚不为政?"子曰:"《书》云:'孝乎惟孝,友于兄弟。'施于有政,是亦为政,奚其为为政?"(为政第二)

子贡问政。子曰:"足食,足兵,民信之矣。"子贡曰:"必不得已而去,于斯三者何先?"曰:"去兵。"子贡曰:"必不得已而去,于期二者何先?"曰:"去食。自古皆有死,民无信不立。"(颜渊第十二)

齐景公问政于孔子。孔子对曰:"君君,臣臣,父父,子子。"公曰:"善哉!信如君不君,臣不臣,父不父,子不子,虽有粟,吾得而食诸?"(颜渊第十二)

季康子问政于孔子。孔子对曰:"政者,正也。子帅以正,孰敢不正?"(颜渊第十二)

季康子问政于孔子曰:"如杀无道,以就有道,何如?"孔子对曰:"子为政,焉用杀?子欲善而民善矣。君子之德风,小人之德草,草上之风,必偃。"(颜渊第十二)

子路曰："卫君待子为政,子将奚先?"子曰："必也正名乎!"子路曰："有是哉,子之迂也!奚其正?"子曰："野哉,由也!君子于其所不知,盖阙如也。名不正则言不顺,言不顺则事不成,事不成则礼乐不兴,礼乐不兴则刑罚不中,刑罚不中则民无所措手足。故君子名之必可言也,言之必可行也。君子于其言,无所苟而已矣。"(子路第十三)

子适卫,冉有仆。子曰："庶矣哉!"冉有曰："既庶矣,又何加焉?"曰:"富之。"曰:"既富矣,又何加焉?"曰:"教之。"(子路第十三)

子路问政。子曰："先之劳之。"请益。曰:"无倦。"(子路第十三)

子曰:"其身正,不令而行;其身不正,虽令不从。"(子路第十三)

子曰:"苟正其身矣,于从政乎何有? 不能正其身,如正人何?"(子路第十三)

子夏为莒父宰,问政,子曰:"无欲速,无见小利。欲速则不达,见小利则大事不成。"(子路第十三)

政者,正也!

虽然历史上有不少人凭借"阴谋秘计"一时成为帝王将相,但人间大道依旧。阴谋可以得逞于一时,不可得逞于一世。阴谋的牢笼毕竟不能见光,一旦见光,再强大厉害的政权也会"樯橹灰飞烟灭"!

多用"阳谋",少用"阴谋",用正确的世界观、人生观、价值观引导人,用正面的榜样影响人,用崇高的精神鼓舞人,用积极向上的心态激励人,这是世界通行的为政法则!

一、政者,正也:孔子为政三部曲

为政,首先从"正名"开始。"名不正则言不顺,言不顺则事不成,事不成则礼乐不兴,礼乐不兴则刑罚不中,刑罚不中则民无所措手足。"(子路第十三)"名"自在个人修为中,对一个人而言,你可以不求名,不求利,只需求其"实"即可。但对于一个政权而言,则必须首先正名。名正则言顺,言顺则令许多人愿意为崇高理想赴汤蹈火,蹈死不顾!

师出有名,方能号令天下! 两党之争,常常也在"名"上大做文章,什么是"正"什么是"匪",执政者总需要让民众心中有数。正名之后,还要名副其实,取得人民群众的信任和拥护。"足食,足兵,民信之矣",解放战争中,国民党军无论在兵力还是装备上都相对占据优势,却依然被"小米加步枪"的人民军队打得落花流水,"民无信不立",信矣!

名正言顺,名副其实,这才是正道。如果名不符实,"虚名"终究不过一时,最终成为明日黄花,许多好"名"而不求其实者,功败垂成,如项羽般"身死人手,为天下笑!"

正名之后,其次就是选拔人才,任用人才,用好人才。"举直错诸枉,则民服;举枉错诸直,则民不服。"(为政第二)选拔正直之士到重要岗位上来,让这个社会充满正气和正能量,永远是战无不胜,攻无不克的法则。钱穆先生认为,"盖喜直恶枉,乃人心共有之美德。人君能具此德,人自服而化之。然则私人道德之与政治事业,岂不如影随身,如响随声?"①

毛主席讲过,不是东风压倒西风,就是西风压倒东风。良好的政风正气是政令得失的先导,也是人心向背的关键,更是人才取舍趋向的标准。

再次,就是立信。"敬事而信"不但表现出对国君的态度,还表现对百姓的态度。对于管理百姓,涉及具体的事务。对于"立信",《论语》中有这样一则小故事:

> 子贡问政。子曰:"足食,足兵,民信之矣。"子贡曰:"必不得已而去,于斯三者何先?"曰:"去兵。"子贡曰:"必不得已而去,于期二者何先?"曰:"去食。自古皆有死,民无信不立。"(颜渊第十二)

可以"去兵",可以"去食",但不能"无信"!"人而无信,不知其可也",一个政府没有信用,如同黑社会,但靠坑蒙拐骗偷或者威吓利诱,注定是不得民心,难以持久维持政权。信用是社会发展的基石,更是政府历来坚守的执政底线。

我们熟知的商鞅变法就是从"徙木立信"开始。"立信"就是立规矩,讲

---

① 钱穆:《论语新解》,生活·读书·新知三联书店 2005 年版,第 44 页。

原则,画红线,竖坐标,讲道道。习近平总书记强调,问题是工作的牵引,问题是时代的召唤,这是新思维;上树信仰、中立价值坐标、下画红线,"立规矩、讲原则"是新思路;"踏石留印、抓铁有痕""雷厉风行、务求实效"是新风格。加上其个性鲜明的话语系统,共同构成了一代领导人的"习式风格"。[①]

"为政以德",孔子为政核心思想就是"仁政",仁政的表现在于"爱民",爱民的表现就在于政治家的率先垂范。孔子一直强调领导干部"心态"的作用:"临之以庄,则敬;孝慈,则忠;举善而教不能,则劝。"(为政第二)在此基础上,再辅助其他手段完成对百姓的治理:"道之以政,齐之以刑,民免而无耻,道之以德,齐之以礼,有耻且格。"(为政第二)

钱穆先生认为:"孔门论学,最重人道。政治,人道中之大者。人以有群而相生相养相安……孔门论证主德化,因政治亦人事之一端,人事一本于人心。德者,心之最真实,最可凭,而又不可掩。故虽蕴于一心,而实为一切人事之枢机。""惟德可以感召,可以推行,非无为。"他又说:"孔门政治理想,主德化,主礼治……盖人道相处,义属平等,理贵相通。其主要枢机,在己之一心。教育政治,其道一贯,事非异趋。此亦孔门通义,虽今古异时,此道无可违。"[②]

习近平总书记在2018年两会期间,曾深入浅出地阐释了"政德"的核心含义,要求领导干部"明大德,守公德,严私德"。明大德就是要筑牢理想信念,锤炼坚定党性;守公德即强化宗旨意识,树立全心全意为人民服务思想;严私德就是严格约束自己的操守和行为规范。

二、经济基础决定上层建筑:孔子为政三步骤

《论语》中还有一则故事:子适卫,冉有仆。子曰:"庶矣哉!"冉有曰:"既庶矣,又何加焉?"曰:"富之。"曰:"既富矣,又何加焉?"曰:"教之。"(子路第十三)

"庶之""富之""教之",是孔子为政的三步骤。对于现实中国而言,面

---

① 公方彬:《习近平新政治观的本质特征与时代价值》,载《中国延安干部学院学报》2016年第3期,第43页。

② 钱穆:《论语新解》,生活·读书·新知三联书店2005年版,第23、24、26页。

对渐渐富裕起来的中国人,如何"教之"已成为当前要务。

学者夏都颖认为,孔子作为一个深刻洞察人性的智者,既鼓励民众大胆追求富裕,更强调民众应该通过正当的途径——"道"来获得个人利益的满足。在他看来,个人利益的取得只有合乎"道"——社会正义的要求,才具有合法性。因此,君子爱财,应该取之有道。与追求富贵相比,"道""义"更重要,更值得大家作为一种追求。而追求个人利益,必须遵循义在利先,以义制利的原则。否则,就是不义之利,是可耻的,应该放弃。①

民为本,这是孔子为政思想的重要内涵。学者罗伟凤认为,孔子的民本思想抓住了政治治理的根本,强调了为政者在政治治理过程中,通过取信于民与富民安民来实现以民为本的政治诉求。由于他并不主张消灭剥削和压迫,而是希望为政者轻徭薄赋,因此,具有一定的局限性,但这仍然对后世产生了深远的影响。孟子在孔子民本思想的基础上,提出了"民为贵,君为轻,社稷次之"的"仁政"思想,并对后代为政者的政治产生较大影响。②

在百姓富裕的基础上,孔子这才突出"训政"的重要性:"道之以政,齐之以刑,民免而无耻,道之以德,齐之以礼,有耻且格。"(为政第二)

孔子这种"德主刑辅"的治国主张并没有获得足够的支撑。在许多人看来,孔子的这种礼治思想过于理想化,不太切合实际。历史上,许多君主还是以法治国为主。汉宣帝提倡用王道霸道杂治的依法治国思想,取得了很大成效,而他的儿子汉元帝刘奭用儒术治国,汉朝衰败也由此而始。

我们必须深刻清醒地认识到以德治国的脆弱性和其存在的道德盲区。始于一心,难于一心,毕竟社会超凡入圣的人少之又少,生活中大多数人带有很强的功利性,没有强大的制度作为保证,仅靠道德是不可靠的。佩剑的履约才有效,唯有德者以德治国,其次莫如严,莫如让百姓知规矩。

当下,民主和法治是治国的重要举措,十九大报告指出:深化依法治国实践。全面依法治国是国家治理的一场深刻革命,必须坚持厉行法治,推进

①　夏都颖:《孔子为政思想的现代启示》,载《西南民族大学学报(人文社科版)》2009 年第 9 期,第 221 页。

②　罗伟凤:《孔子"为政"思想及其现代价值》,载《河北青年管理干部学院学报》2015 年第 3 期,第 97 页。

科学立法、严格执法、公正司法、全民守法。

公权本姓公,用权当为民。习近平总书记在中央政法工作会议上强调"公生明,廉生威",不仅是对政法干部提出的要求,更是对全党同志的殷殷嘱托。公正廉洁是为政者应具备的基本品德,这两点说起来简单,真正做到却并不容易。守住职业良知,坚守法治、制度约束、公开运行等环节,坚持不懈、常抓不懈。

精神建设永远不过时,特别是国富民安之时,"教之以方",塑造民族精神,精神建设正当时:人民有信仰,民族有希望,国家有力量!

现实中国,正在以弘扬二十四字"社会主义核心价值观"为基点,凝聚国民信心,重铸民族精神,实现中华民族的复兴大业之梦。

三、理想政治的特征:各就各位,各自做好各自的事

身正,诚信,庶之,富之,教之,是孔子为政的重要思想。孔子要求统治者率先垂范,诚信爱民,循序渐进率领百姓走向大同之路。因此,国君要有国君的样子,面对齐景公的询问,孔子给出如下回答:

> 齐景公问政于孔子。孔子对曰:"君君,臣臣,父父,子子。"公曰:"善哉!信如君不君,臣不臣,父不父,子不子,虽有粟,吾得而食诸?"(颜渊第十二)

一些人认为孔子此言意在维护君主统治,这是对孔子的最大误解。"对身为一国之君的景公说'君要像君',其实就是忠告他'有君主之名,也必须有君主之实'。仔细想来,这是绝妙的回答。执政者要像个真正的执政者,这的确可谓是对政治终极的要求了。只是孔子的这种回答方法,后来被视为一种教谕,目的是维系与儒教的体制化相伴而生的名分论这一秩序。"[①]

其实,孔子提出"君君,臣臣,父父,子子",无非是教导每一个群体,每一个阶层,每一个人,各安其位,努力做好自己的本职工作、本分事情!

---

① [日]子安宣邦:《孔子的学问——日本人如何读〈论语〉》,吴燕译,生活·读书·新知三联书店2017年版,第118页。

但中国人是一个习惯做"加法"的民族,后世一些学者生硬地把孔子这个思想变成为统治阶级服务的"三从四德",成为束缚人们思想行为的礼教,无疑是对孔子思想的一种背离!也渐渐变成一种沉重的负担,使人艰于呼吸。凡事过犹不及,这就是孔子强调中庸的意义!

在孔子的思想中,孔子特别注重上层阶级的率先垂范作用。"子帅以正,孰敢不正?"(颜渊第十二),领导干部不但要正言正行,还要"先之""劳之""无倦"(子路第十三),身先士卒,吃苦在前,享乐在后,这是古人从政的原则,更是今日领导干部的准则。

国君首先有国君的样子,对臣子彬彬有礼,尊重有加,这样才赢得臣子的重心。"君使臣以礼,臣事君以忠。"(八佾第三)国君不能对臣子呼来喝去,必须给予尊重,臣子不是你呼来喝去的奴仆,而是治理天下的共同参与者,正像汉宣帝所言,"吾与两千石共治天下!"其次国君对百姓庄重仁慈引导教化,这样才换来百姓对国君的敬仰和爱戴。

同样,对于官员,孔子提出"敬事爱民","居之无倦,行之以忠"。对上忠诚,对下关心爱护,没有倦怠之心,更不会滥用权力、滥耍官威,把权力玩弄于股掌之上。官员敬其事,才能领会到《诫石铭》上"尔俸尔禄,民脂民膏;下民易虐,上天难欺!"这句话的真髓,那就是权力来自人民,必须服务人民。中国历史上一次次载舟覆舟的历史教训,就是对这句话一次次的不断演绎。

把权力当作一种负担,而不能当作一种享受!

当领导干部时刻保持"战战兢兢,如临深渊,如履薄冰"那种对权力的敬畏,自然不会作福作威。当领导干部时时发挥模范带头作用时,一定会形成良好的社会风气,一定会实现长治久安。

在十八届中央纪委二次全会上,习近平总书记强调,工作作风上的问题绝对不是小事,如果不坚决纠正不良风气,任其发展下去,就会像一座无形的墙把我们党和人民群众隔开,我们党就会失去根基、失去血脉、失去力量。他借"善禁者,先禁其身而后人",要求各级领导干部以身作则、率先垂范,说到的就要做到,承诺的就要兑现,坚定不移把反腐倡廉建设引向深入。①"善禁者,先禁其身而后人"(《申鉴·政体》),东汉荀悦这一观点继承了儒家"其身正,不令而行;其身不正,虽令不从"的思想。四百多年后的唐太宗堪称"善禁"的典范,他说:"若安天下,必须先正其身。未有身正而影曲,上治而下乱者"。魏征也对太宗说:"尽己而不以尤人,求身而不以责下。"可见,领导者带头用纪律和法律来约束自己,以身作则,既是一种领导方法,也是一种为政之德。

领导干部的人格魅力,是一种无形的资产,"譬如北辰,居其所而众星共之"(为政第二),他可以感染人,影响人,带动人,形成一种凝聚人心的核心力量。反之,也会暗淡人,败坏人,涣散人,之前某地市委书记对下属的"一记耳光",就是一种鲜明的警示!当领导干部唯我独尊成为一种思维定式,也就开启了他失败的倒计时。

有人认为孔子此言是为了维护封建统治,其实没有领会孔子的初衷。孔子从来没有赞同"阶层固化",更不会反对人才的上升流动,他甚至提出:"雍也,可使南面。"(雍也第六)像仲弓这样的人可以当一国之君,"居敬而行简,以临其民"(雍也第六)完全胜任一国国君。因此,孔子的思想永远是"接地气"的,因为孔子本身就来自人民,熟知百姓疾苦。在他看来,领导者的地位永远是有德者居之,有才者任之。

孔子提出的君君臣臣父父子子,就是在正常状态下各安其位,做好自己的本职工作。"不在其位,不谋其政",这是做人的基本规矩,也是为官的基本纪律。

每个人在这个社会中各就各位,发挥应有的价值,这个社会就是充满秩序和能量的社会,而身在其中的每一个人,都能找到自己的位置和人生价值。

---

① 杨立新:《昭昭史鉴倡反腐! 带您品读习近平十大廉政用典》,人民网-中国共产党新闻网,2019 年 10 月 12 日,http://cpc. people. com. cn/n1/2019/1012/c164113 - 31395372-5. html.

◎ 学思知行

仁政之思。孔子的为政观，核心在于仁政，而仁政的核心无疑是民本思想。施政，就是围绕这仁政和民本两个基点，用中国共产党人持之以恒的话来讲，就是全心全意为人民服务。让百姓和之、安之、富之；之后，再率先垂范"教之"，然后，实现各安其位，各司其职，实现天下大同。治国先治吏，各级领导干部只有明大德，守公德，严私德，才能真正做到情为民所系，权为民所用，利为民所谋。

践行之学。每一个共产党人和革命干部都应始终牢记"为人民服务"这一宗旨，把密切联系群众作为服务基层工作的核心任务，坚持走群众路线，充分认识"我是谁、为了谁、依靠谁"，服务群众，依靠群众，把分管、分内分外的各项工作扎实做好。以办实事的成效凝聚民心，以解难题的智慧汇聚民力，不断增强人民群众的向心力，提升党和政府的凝聚力、感召力、执行力。

现在，很多大学生毕业后，职业选择上首选公务员，既要抱定为国建功立业的心态，更要筑牢全心全意为人民服务的思想。牢记全心全意为人民服务的根本宗旨，尊重人民至上的主体地位，时刻保持同人民群众的血肉联系。古人云"身在公门好修行"，送人玫瑰，手留余香，服务人民，凝聚民心。不断提升修身、齐家的本分，然后才可能有治国、平天下的本领、本事。

"立功、立言、立德"，人生"三不朽"，实现人生的精神层面有所追求，人人才会更加心灵富足，身心和谐生活！

第十二问
如何事君(爱国)

子曰:"事君尽礼,人以为谄也。"(八佾第三)

子游曰:"事君数,斯辱矣;朋友数,斯疏矣。"(里仁第四)

季子然问:"仲由、冉求可谓大臣与?"子曰:"吾以子为异之问,曾由与求之问。所谓大臣者,以道事君,不可则止。今由与求也,可谓具臣矣。"曰:"然则从之者与?"子曰:"弑父与君,亦不从也。"(先进第十一)

定公问:"君使臣,臣事君,如之何?"孔子对曰:"君使臣以礼,臣事君以忠。"(八佾第三)

古代君国一体,忠君就是爱国。但是如何做到忠君爱国,中国历史上一直有争论。孔子对此问的直接论述并不多见,准确地说,孔子的君国思想只是"孝心"与"仁心"的延展。

一、以道事君,不可则止

在某些国君或者领导人看来,国君应该是高高在上的,就像《论语》中鲁定公曾简单地认为,"君使臣,臣事君"。在许多国君、上级、父亲那里,认为国君使唤臣子,上级使唤下级,父亲使唤儿子,都是天经地义理所当然。孔子虽然没有生硬地驳回,但巧妙地进行了转换,这样"转换"就为忠君设定了"前提要件":"君使臣以礼,臣事君以忠。"(八佾第三)

钱穆先生释曰:"君于臣称使,臣对君称事,定公此问,显抱君臣不平等观念。""礼虽有上下之分,然双方各有节限,同须遵守。君能以礼待臣,臣亦自能尽忠遇君。或曰，此言双方贵于各尽其己。君不患臣之不忠，患我礼之不至。臣不患君之无礼，患我忠之不尽。此义亦儒家所常言，然孔子对君之问，则主要在所以为君者，故采第一说。"①

每个人都能做好自己的本分，自然君臣和睦，上下齐心。

在孔子看来，君臣或者君与民都是对等的。特别是国君"尽礼"是前提，就像《出师表》中的刘备和诸葛亮，在刘备按照礼仪三顾茅庐、致以殷勤之意后，诸葛亮才遂许"先帝驱驰"，然后才能"鞠躬尽瘁，死而后已！"如果国君不按照礼仪，而试图对臣子召之即来，挥之即去，那么，臣子选择拒不合作的，中国历史就大有人在！"高官厚禄升官加爵"是许多国君手中一项重要筹码，但这种筹码，并非对所有的人都具备吸引力。

孔子在《论语》中还有进一步的解释：季康子问："使民敬，忠以劝，如之何？"子曰："临之以庄，则敬；孝慈，则忠；举善而教不能，则劝。"（为政第二）

孔子一直强调"政者，正也。子帅以正，孰敢不正？"实际上就是强调国君的率先垂范作用，而臣子则"以道事君，不可则止"。相对于孔子的温和，孟子就显得激进了许多。孟子说："民为贵，社稷次之，君为轻。"甚至对于那些"独夫民贼"，更是提出"人人得以尽诛之"的思想！

无论是孔子孟子，他们在事君爱国的理念上，都非常注重强调国君或者领导干部的修为，国君或者领导干部不是单向地要求臣子或者子民服从，而是"尽礼"打造公平公正的社会环境，"节用而爱人，使民以时"，让老百姓"养生丧死无憾"（《孟子·梁惠王上》），老百姓才能为你所用，才能达成勾践灭吴时的上下齐心现象："果行，国人皆劝！父勉其子，兄勉其弟，妇勉其夫！"（《国语·越语上》）

老百姓其实是最容易感动的，你对他一点恩德，他就会念在嘴里，记在心里。和平时期，勤劳节俭，服务国家；危难之时，毁家纾难，勠力同心！爱国主义作为中华民族精神基因，已成为中华民族的民族特质，流淌在中华民族的血液里，是中华民族一以贯之的优良传统，从"大道之行也，天下为公"到"鞠躬尽瘁，死而后已"，从"精忠报国，还我河山"到"天下兴亡，匹夫有

---

① 　钱穆：《论语新解》，生活·读书·新知三联书店2005年版，第73页。

责"，从"为中华之崛起"到"实现中华民族伟大复兴的中国梦"，等等，都彰显着爱国主义精神基因的光辉。①

"忠孝"是孔子君国思想的重要内涵，"迩之事父，远之事君"，以侍奉父母之心侍奉国君，这是孔子忠孝思想的重要表述。学者宋伟明认为，"孔子由孝父母到忠君、恋故土……逐步上升为对民族、祖国的爱，让祖国在人们心目中渐次成了一个神圣的、崇高的概念。可见，孔子提倡的孝亲敬祖，忠君报国思想，是培育中华民族爱国主义情感的肥沃土壤"②。

对于古代君子，富贵只是结果而不是目的，如果不能实现自己的政治主张，就选择返璞归真回归田园，来保持自己人格的独立。这也是孔子提出的重要主张，"笃信好学，守死善道。危邦不入，乱邦不居。天下有道则见，无道则隐。邦有道，贫且贱焉，耻也；邦无道，富且贵焉，耻也。"（泰伯第八）"邦有道，危言危行；邦无道，危行言孙。"（宪问第十四）

"用舍由时，行藏在我，袖手何妨闲处看。"苏轼的这种淡泊超然，也来自"不可则止"的人生选择。

二、我和我的祖国

有人说，风波亭是一颗悬于神州大梁的苦胆，总是在寂静漫漫的长夜泛上中国文化人的心头。

像屈原这样"忠而见疑，信而被谤"者有之，以生命撼动生命，留下一个传统的中国节日；像岳飞竭尽忠诚，蒙冤被杀者有之，留下无尽的悲凉惊叹；像杜甫、苏轼心忧社稷、心怀黎民、心无杂陈，却屡遭艰辛磨难者，历朝历代都大有人在。

中国有无数的仁人志士，也有为数不少的奸臣汉奸叛徒酷吏。历史上的悲欢离合，总让人扼腕叹息。风波亭，成为中国人永远的精神"苦胆"！

顾炎武在《日知录》提出"亡国"和"亡天下"两个概念：有亡国，有亡天下。亡国与亡天下奚辨？曰：易姓改号，谓之亡国。仁义充塞，而至于率兽

---

① 胡海波：《中华民族最根本的精神基因》，《光明日报》2017 年 7 月 17 日。
② 宋伟明：《孔子的爱国主义思想与祖国统一大业》，载《湘潭大学社会科学学报》2002 年第 5 期，第 54 页。

食人，人将相食，谓之亡天下……保国者，其君其臣，肉食者谋之；保天下者，匹夫之贱，与有责焉耳矣！

在顾炎武的思想情怀里，"亡国"和"亡天下"是两个概念，所谓"亡国"，不过是"易姓改号"改朝换代，这是其君臣的事情，"肉食者谋之"。"肉食者"就是既得利益者，是"革命"的对象，如果这些既得利益者在国家危急关头，依然不能出钱出力出人，在顾炎武看来，亡国必是活该！

明朝末年就发生这样怪诞一幕，当李自成率领大军包围北京的时候，崇祯皇帝号召大臣"毁家纾难"，但这些守财奴们却只是象征性地拿出一点钱来，而守城士兵每人只能到手二十文钱，仅够买几个烧饼糊口而已，他们自然不肯卖命，面对将官的鞭子，他们竟然出现了"一人站起一人偃"的消极抵抗。前面一个士兵被将官喝令"站起来"持枪守卫，身后刚刚站起的另一名士兵随即再次躺下，结果清军两个月都攻不下来的北京城，被李自成两天就攻了下来。那些匿财不出的官吏，被迫向李自成献出了天文数字的财富，最终却还是被"革"掉了性命。

"亡天下"则是一个野蛮民族"率兽食人"，非我族类，其心必异，亡天下就是亡种，所以"匹夫有责"。顾炎武基于反清的角度提出了"亡天下"这一概念，目的在于号召民众保卫中华文化和中国精神。这是精神种子，永远不能毁灭。顾炎武认为改良社会，是读书人的天职，所以人人要打叠自己，自觉肩负起应有的责任，他说："匹夫之心，天下人之心也。"又说："松柏后凋于岁寒，鸡鸣不已于风雨。"这些思想，我们都看到孔子的影子，也看到了读书人对孔子思想的传承。

现实中为什么社会出现不同的声音，归根结底还是利所致、益存在。当个人利益和国家利益发生矛盾时或者自身利益遭到侵害时，并不是每个人都甘心情愿选择"毁家纾难"。而当"人民的利益"或者"国家的利益"主体不明时，许多人会产生深深的疑惑：国家（集体）为谁？谁为国家？

这种疑惑，同现实中的黑与白，正与邪，道与魔，总是不停地交替出现，徘徊在人的心头。如何避免悲剧，只有从制度入手，把权力关进笼子里，让权力运行于阳光下，切实保证每一个个体拥有"不被他人侵犯的权利"，让每一个公民都感觉国家存亡系于一身，利益攸关，生死攸关。

学者丁雪枫认为,爱国品质不是生而有之的,爱国心即便是一种自在的爱国情怀,对人们的爱国品质的养成具有一定的影响,但是,人们自为的、理性的爱国品质不是一朝一夕形成的,而是长期教育引导的结果。依据在于,国家具有神圣性,国家需要被敬畏;同时,人们的偶然性、任性很可能背离国家,这就需要教育引导。①

爱国主义需要人民利益、国家利益和政治家的利益高度趋同性和深度融合,精神上高度共振,这样才可以发生共鸣,这样才会出现勾践灭吴时发生的场景"父劝其子,妇劝其夫",才会出现淮海战役中几十万百姓踊跃支前的壮观场面。

2016年12月12日,习近平在会见第一届全国文明家庭代表时指出:"广大家庭都要重言传、重身教,教知识、育品德,身体力行、耳濡目染,帮助孩子扣好人生的第一粒扣子,迈好人生的第一个台阶。要在家庭中培育和践行社会主义核心价值观,引导家庭成员特别是下一代热爱党、热爱祖国、热爱人民、热爱中华民族。要积极传播中华民族传统美德,传递尊老爱幼、男女平等、夫妻和睦、勤俭持家、邻里团结的观念,倡导忠诚、责任、亲情、学习、公益的理念,推动人们在为家庭谋幸福、为他人送温暖、为社会作贡献的过程中提高精神境界、培育文明风尚。"

学者吴灿新认为,一个国家和民族的历史,是一个国家和民族的根脉;一个国家和民族的文化,是一个国家和民族的灵魂,爱国主义精神就是在中华文明的历史发展与中华民族世代积累的优秀传统文化中形成和发展起来的。《诗经》歌咏有"夙夜在公",《尚书》提出"以公灭私",荀悦在《汉纪》中曰"亲民如子,爱国如家",贾谊主张"国而忘家,公而忘私",李白说"国耻未雪,何由成名",范仲淹倡导"先天下之忧而忧,后天下之乐而乐",顾炎武强调"天下兴亡,匹夫有责",梁启超说"今天下之可忧者,莫中国若,天下之可爱者,亦莫中国若",等等,都张扬着中华民族的爱国主义精神。②

---

① 丁雪枫:《黑格尔的爱国道德思想及当代启示》,载《社科纵横》2019年第4期,第100页。

② 吴灿新:《习近平关于新时代爱国主义的重要论述略探》,载《岭南学刊》2019年第1期,第13页。

三、臣之大者，为国为民

在爱国环节中，重要的一环就是领导干部的爱国精神。对于普通民众而言，"爱国"抑或"卖国"影响力总是有限，但对于某些身居要职的人员来说，爱国影响巨大，"卖国"则破坏力深重！

因此，加强领导干部的爱国思想教育才是核心所在！

中国历史上，臣可以分为许多种：忠臣，奸臣；具臣，廉臣，能臣，大臣。他们在中国历史上发挥着中流砥柱的作用，他们的优劣成败关系着国家的命运。治国先治吏，爱国首先必须从领导干部抓起。举贤任能，以贤能教育不贤能。从贤能竖起标杆，找到量尺。

忠、廉、奸，是从臣子的品性而言。忠诚、廉洁无疑是一种美好的品质，但廉臣常常缺乏令人称道的本领，抑或即使拥有本领却畏首畏尾顾虑重重。就像孔子评价陈文子"忠则忠矣"，"廉则廉也"！但对这个国家未必有作用，他本人因为过于看重清廉而使自己做事有着很大局限性，事业或者说政治上很难有大作为、大建树。

忠臣则是俯首听命按部就班循规蹈矩的充数之臣，他没有明显个性或者特征，政治上也难有大的作为，但他们又是官僚体系中不可或缺的螺丝钉。

能臣则是突出其才干，最有名的评价莫过于曹操，所谓"治世之能臣，乱世之奸雄。"反过来说，奸臣奸雄也是能臣，譬如另一个著名的人物秦桧，他本身是当年的状元，能力不小，但品德有亏，对国家的破坏力也大。

"大臣"是对官吏最高的褒奖。金庸有言："侠之大者，为国为民！"这句话用在大臣身上，更是恰如其分。大臣的作为，不为自己，不为一时，而是为天下人谋福利，为万世开太平。《格言联璧》有言："利在一身勿谋也，利在天下者谋之；利在一时勿谋也，利在万世者谋之。"[①]

后来国民党元老于右任把此句加以浓缩提炼，成为一代名句："计利当计天下利，求名应求万世名。"

---

① 金缨：《格言联璧》，书海出版社2001年版，第209页。

　　大臣之大,不仅体现于才,更体现于德,还有处置问题的灵活巧妙。其突出特点在于"正",清正,正直,公正,他们为国尽忠,为国选材,所做一切都是为国利民。在危机时刻,他们忍辱负重,挽狂澜之既倒,扶大厦于将倾。

　　人有种种,人上一百,形形色色。古人粗略分为五等:"庸人""士人""君子""贤人""圣人"。后两者不可得,能够学做"君子"尚且不易。一个人在这个世上选择怎样的人生,带着怎样的情感面对这个世界,都需要做出选择。但是成就怎样的境界,则需看一个人的修为。要注重"名"和"实":

　　　　士大夫济人利物,宜居其实,不宜居其名,居其名则德损;
　　　　士大夫忧国为民,当有其心,不当有其语,有其语则毁来。①

　　作为官员,无论是为民服务还是忧国忧民,应当重行动,少言语,存其心,重其实,做事不是为了邀名,不是为了发出一些雷人话,而是切切实实为天下"计深远"。

　　"不驰于空想,不骛于虚声。"这是李大钊先生的名言,习近平总书记在2018年新年贺词中引用这句话,并指出"九层之台,起于累土"。要把这个蓝图变为现实,必须不驰于空想、不骛于虚声,一步一个脚印,踏踏实实干好工作。

　　为国为民,这是新时期领导干部的基本素质,也是基本要求。对于新时代的领导干部,习近平总书记指出,要勇于面对各种矛盾,"我们共产党人的斗争,从来都是奔着矛盾问题、风险挑战去的","领导干部要有草摇叶响知鹿过、松风一起知虎来、一叶易色而知天下秋的见微知著能力,对潜在的风险有科学预判,知道风险在哪里,表现形式是什么,发展趋势会怎样,该斗争的就要斗争"。同时,必须增强"四个意识",坚定"四个自信",做到"两个维护",坚定斗争意志,当严峻形势和斗争任务摆在面前时,骨头要硬,敢于出击,敢战能胜。在斗争中保持清醒的头脑、坚定的立场,牢牢把握正确斗争

---

　　① 　金缨:《格言联璧》,书海出版社2001年版,第200页。

方向,做到在各种重大斗争考验面前"不畏浮云遮望眼","乱云飞渡仍从容"。①

◎ 学思知行

　　忠君爱国。这是一个宏大的难解的主题。但孔子善于化大为小,抓住根本。一切问题的源头都在于"心",从孝心到诚心到忠心,更重要的是具有仁心、爱心。心与心的沟通,不是通过威权,而是激发共鸣,众心高度趋同,成就最大公约数,画出同心圆。众志成城,报效国家。

　　从心开始。青年人应以"功成不必在我"的精神境界和"功成必定有我"的历史使命担当,不断提高思想境界和人生格局,在平凡的岗位上做不平凡的事。心中对群众有感情、对工作有热情、对事业有激情,才会对群众有敬畏,对自己有要求,对组织有忠诚,对事业有担当。

---

　　① 习近平:《发扬斗争精神增强斗争本领,为实现"两个一百年"奋斗目标而顽强奋斗——习近平在中央党校(国家行政学院)中青年干部培训班开班式上发表重要讲话》,人民网,2019 年 09 月 03 日,http://cpc. people. com. cn/n1/2019/0903/c64094-31334649. html.

第十三问
如何交友

子游曰:"事君数,斯辱矣;朋友数,斯疏矣。"(里仁第四)

子曰:"益者三友,损者三友。友直,友谅,友多闻,益矣。友便辟,友善柔,友便佞,损矣。"(季氏第十六)

子曰:"益者三乐,损者三乐。乐节礼乐,乐道人之善,乐多贤友,益矣。乐骄乐,乐佚游,乐晏乐,损矣。"(季氏第十六)

子曰:"君子不重则不威,学则不固。主忠信,无友不如己者,过则勿惮改。"(学而第一)

子曰:"可与共学,未可与适道;可与适道,未可与立;可与立,未可与权。"(子罕第九)

子贡问友。子曰:"忠告而善道之,不可则止,毋自辱焉。"(颜渊第十二)

子曰:"士志于道,而耻恶衣恶食者,未足与议也。"(里仁第四)

子路曰:"愿车马、衣轻裘,与朋友共,敝之而无憾!"(公冶长第五)

子曰:"不得中行而与之,必也狂狷乎! 狂者进取,狷者有所不为也。"(子路第十三)

"常与同好争高下,不共傻瓜论短长。"你的朋友圈决定你未来的人生模样,"物以类聚,人以群分",朋友的模样常常就是你在别人眼中的模样。

鲁迅说:"人生得一知己足矣,斯世当以同怀视之!"

友谊是高山流水,是阳春白雪,是人生的稀世珍品,所以,在选择上应宁缺毋滥。

在孔子看来,朋友的选择应是"向上"的选择:"无友不如己者。"(学而第一)

寻找益友如同寻找良师,如同韩愈在《师说》中说,无贵无贱,无长无少,道之所存,师之所存也!

一、交友向上选择:无友不如己者

孔子幼年丧父,少年丧母,人生的孤独让他渴望朋友,成长的路上亦多得朋友相助,他也"乐多贤友","有朋自远方来",更是表现出超常的欢喜。

孔子一生敏而好学,不耻下问,但他无常师,他的许多知识的来源就是朋友。"独学而无友,则孤陋而寡闻。"(《礼记·学记》)他乐群,尊贤,交友,同他一贯的行为方式一样,"见贤思齐焉,见不贤而自省"(里仁第四),他对朋友有着清醒的认知,虽然他渴望朋友,但不会来者不拒滥交朋友,因为他清楚知道朋友的"损益"。

孔子提出的交友之道突出了正反两个方面,益者三友,损者三友:"友直,友谅,友多闻,益矣。友便辟,友善柔,友便佞,损矣。"(季氏第十六)

益者三友,友直,友谅,友多闻。正道直行,诚实守信,博学多闻,这三者是"益友"的标识。可以切磋学习,相互砥砺,共同进步,增益自身。他们不会相互瞧不起,更不会自惭形秽。就像子路可以"衣敝缊袍,与衣狐貉者立而不耻"(子罕第九),也可以"愿车马、衣轻裘,与朋友共,敝之而无憾!"(公冶长第五)

益者三乐:"乐节礼乐,乐道人之善,乐多贤友。"钱穆先生释曰:"节者有节制。礼贵中,乐贵和,皆有节。以得礼乐之节不失于中和为乐,则有益。称道人善,则心生慕悦,不惟成人之美,己亦趋于善矣。以此为乐,亦有益。友多贤,多多益善,以此为乐,亦有益。"①

损者三友则与此相反,他们惯走歪门邪道,喜欢拍马逢迎,热衷花言巧语相互吹捧。他们可以共享富贵,但不能共处贫贱,一旦你陷入困境,他们不会雪中送炭,更喜欢落井下石!他们喜欢放纵,喜欢任性,喜欢宴乐,孔子

---

① 钱穆:《论语新解》,生活·读书·新知三联书店 2005 年版,第 432 页。

认为这些损友对自己没有帮助，反而有害。

周国平认为："所谓朋友遍天下，不是一种诗意的夸张，便是一种浅薄的自负。热衷于社交的人往往自诩朋友众多，其实他们心里明白，社交场上的主宰绝不是友谊，而是时尚、利益或者无聊。"①

人生在世，不如意事常八九，可以言者无二三。良友就是世间的贵金属，常常稀缺。物以稀为贵，孔子对此宁缺毋滥。

所以，在朋友的选择上，孔子倾向"向上"的选择：无友不如己者。如果不能，也要选择"中行"之人为友。钱穆先生释曰："中行，行得其中。孟子所谓中道，即中行。退能不为，进能行道，兼有二者之长。"②

这句话与礼贤下士并不矛盾，择友主要是从品质才学而言，选择比自己更优秀的人交往，见贤思齐，才能提升自己的学识和品质，当然，学习是完全可以互补的，你本身具有优秀的品质，那些超过你的人也乐意向你学习。钱穆先生说："师友皆所以辅仁进德，故择友如择师，必择其胜我者。能具此心，自知见贤思齐，择善固执，虚己向学，谦恭自守，贤者亦必乐与我友矣……孔子之教，多直指人心。苟我心常能见人之胜己而友之，既易得友，又能获友道之益。人有喜与不如己者为友之心，此则大可戒。"③

人是情感的动物，因为每个人的观感不同，所形成的圈子就截然不同。"人总是用自己的感觉去衡量别人的感觉：我只能用我所看到的去衡量你的视觉，用我所听到的去衡量你的听觉，用我的理智去衡量你的理智，用我的爱恨去衡量你的爱恨。除此之外，我找不到其他更合适的方法。"④

物以类聚，人以群分。不同圈子反映着不同的人生方式。自然，这种"向上"择友方式是一种学识和志趣的投合，无关身份地位。

二、共学适道立权：和朋友一起创造回忆，创造历史

朋友是一起创造记忆、创造历史的人。

---

① 周国平：《善良丰富高贵》，黄山书社 2007 年版，第 208 页。
② 钱穆：《论语新解》，生活·读书·新知三联书店 2005 年版，第 344 页。
③ 钱穆：《论语新解》，生活·读书·新知三联书店 2005 年版，第 12、13 页。
④ ［英］亚当·斯密：《国富论》，中国文联出版社 2016 年版，第 12 页。

选对朋友,温暖一生;选错朋友,遗憾一生。当然,我们对人也不能苛责,要求人十全十美,或者人人如我。孔子也不是要求你拒人千里之外,保持一副冷若冰霜态度,而是针对不同的人,采用不同的交友方式:"可与共学,未可与适道;可与适道,未可与立;可与立,未可与权。"(子罕第九)

孔子把交友分为四个层次:共学、适道、立、权。

共学,桃李门墙,共同学习。知识无界限,学问无贵贱,一同学习,相互砥砺共同进步。学习时,放弃身份等级,以坦然之心面对差别,像子路一样衣敝缊袍,与衣狐貉者立而不耻者,像颜回箪食瓢饮,不改其乐。同学之间相互切磋,相互砥砺,亦如曾子的描述:"以能问于不能,以多问于寡;有若无,实若虚;犯而不校——昔者吾友尝从事于斯矣。"(泰伯第八)

适道,志同道合,共同发展。有的人可以一同学习,未必志同道合,因为每个人价值观不同,学习的目的也不尽相同。对于"道不同者"则"不相为谋",分道扬镳可也。适道就是有共同的理想,共同的追求,共同的情怀。有些人把结交朋友看作"朋友多了路好走",把结交一个朋友当作开拓一个门路,这未免太世俗化。朋友之间情谊的精神价值永远超过物质价值。

立,就是立身、立业,要选择人生道路上最佳"合伙人",合理分工,有效互补,共谋大业。朋友就是共创大业的合伙人。不但要理想相同,志趣相投,行为方式相近,还要能够同甘共苦荣辱与共。所以孔子对此有基本要求:"士志于道,而耻恶衣恶食者,未足与议也。"(里仁第四)在创业的过程中,一定要遭遇许多艰辛,需要栉风沐雨,筚路蓝缕,废寝忘食,夜以继日。一个人如果好逸恶劳,很难适应这样的发展之路。如果青年创业者不愿或者不能"吃苦",一心安逸,对于创业者来说,恐怕永远无法抵达目标。这是创业阶段的必然经历,任何成功者的背后,都有强烈的内驱力,当一群人为了梦想,燃烧激情的时候,他们会遗忘时间的,就像篮球巨星科比口中"早晨四点钟的街道"——虽然冷清,却燃烧着梦想。

权,就是权变。遭遇危机,找谁商量,要问对人,要有知心人。"疾风知劲草,板荡识诚臣。"就像曹操当年大兵压境,孙权手下纷纷言降,就连内务大臣张昭也坚称曹操不可抵挡。这时,只有鲁肃、周瑜等人提出抗曹。好在当年孙策他们有共识:"内事不决问张昭,外事不决问周瑜。"在对抗曹操这个问题上,问张昭不可,周瑜、鲁肃才是真正的智者。

所以,在孔子看来,人生的发展,朋友的选择,都是一个不断发展的过程。在不同的阶段,和不同的人相处,寻找不同的朋友;但在人的一生中,如果有一两个人能够同心同德相伴一生,已是足够。正像鲁迅先生所言:"人生得一知己足矣,斯世可以同怀!"

三、无长无少,多年师生成朋友

"三人行,必有我师焉。择其善者而从之,其不善者而改之。"(述而第七)这是孔子择友择师的重要方式。"高山仰止,景行行止",见贤思齐,从善如登,踩着一个个贤者伟人的肩头仰望高山,你自然能够成就一座高山。

基于乐多贤友思想,孔子的择友打破年龄代沟,无长无少,有许多忘年之交,达到"老者安之,朋友信之,少者怀之"(公冶长第五)的境界。同时,打破地域限制,提出"四海之内皆兄弟"(颜渊第十二)的观念。

"与朋友交,言而有信","信近于义,言可复也",这是孔子交友的基本准则。孔子提倡诚信,主张光明磊落坦诚相见。"己所不欲,勿施于人",孔子设身处地以利他之心生活,对于别人的误会隔阂,孔子并不强求别人理解,他说:"不患人之不己知,患不知人也。"(学而第一)

孔子也曾无辜"中枪",他在卫国拜见南子夫人,结果被学生误会,逼得他吹胡子瞪眼对天发誓,可见圣人也有不被理解的时候。如果有这样的朋友,在你最艰难的时候理解你,宽容你,帮助你,无疑是莫逆之交,历史上的管鲍之交就是这样:

管仲曰:"吾始困时,尝与鲍叔贾,分财利多自与,鲍叔不以我为贪,知我贫也。吾尝为鲍叔谋事而更穷困,鲍叔不以我为愚,知时有利不利也。吾尝三仕三见逐于君,鲍叔不以我为不肖,知我不遭时也。吾尝三战三走,鲍叔不以我为怯,知我有老母也。公子纠败,召忽死之,吾幽囚受辱,鲍叔不以我为无耻,知我不羞小节,而耻功名不显于天下也。生我者父母,知我者鲍子也。"(《史记·管晏列传第二》)

孔子重视友谊,但也深知友谊属于"稀有金属",更要懂得保持"距离",每个人都是独立的个体,都有他的"私属性",如果朋友间不加讲究、"不设防"地"亲密无间",或者频频闯进朋友的"私人领地",也会招致朋友本能的警惕或者反感。《论语》中有这样一段文字:"子贡问友。子曰:'忠告而善道之,不可则止,毋自辱焉。'"(颜渊第十二)

高明人之间的对话不需要说得太烦琐,点到为止即可;朋友的些许问题,委婉点到即可,不需要你去做"直臣",犯颜直谏。俗话说得好:"看透不说透,说透就不是好朋友!"

宽容一点,为朋友保留一份隐私,总是好的。因此,朋友之间的"间距"很重要,没有绝对的"闺蜜""磁友"。还要注意时间上的频率,空间上的距离,这一点子游有精辟的表述:"事君数,斯辱矣;朋友数,斯疏矣。"(里仁第四)

整日形影不离"如胶似漆"的朋友关系,并不见得长久。一不小心,就会疏远,甚至反目成仇。人生最大的失败,莫过于化友为敌。

"君子之交淡如水,小人之交甘若醴。"就是庄子对此的巧妙譬喻。水虽平淡却生生不息,水虽淡而利天下,酒虽美却没有不散的筵席。君子之交不需要你侬我侬,却可以天长地久!君子之交不需要利益置换,却能肝胆相照,在关键之时力挺,在有人背后批评你时,朋友会侠肝义胆地勇于出面替你辩护。

周国平认为,"一切好的友谊都是自然而然形成的,不是刻意求得的。我们身上都有一种直觉,当我们初次与人相识时,只要一开始谈话,就很快感觉到彼此是否相投","利益之交也无可厚非,但双方应该心里明白,最好还摆在桌面上讲明白,千万不要顶着友谊的名义,凡事顶着友谊名义的利益之交,最后没有不破裂的。"①

朋友间,如果非急迫,不要有太多的金钱来往,"谈起钱,便无缘。"金钱是试金石,也是朋友之间最大的障碍的挑战。还有时间,时间是把杀猪刀,这把刀也能检验朋友的友情,"岁寒,然后知松柏之后凋也!"(子罕第九)

人性难免自私,管鲍之交世上太少,所以才难能可贵。

多年父子成兄弟,多年师生成朋友,相反,多年朋友成仇敌。富兰克林

---

① 周国平:《善良丰富高贵》,黄山书社2007年版,第209页。

认为,选择朋友要慢,更换朋友更要慢。把朋友推向反面,化友为敌,无疑是人生最大的失败。

孔子之间提倡宽容、友爱、坦荡,也突出奉献。有个细节表现了孔子可贵的人性:"朋友死,无所归,曰:'于我殡。'朋友之馈,虽车马,非祭肉不拜。"（乡党第十）

朋友死了,没有地方停柩、埋葬,孔子就不计较地说,停在我那里,由我来安排殡葬。对于朋友的馈赠,即使贵如车马,孔子也不会表示感谢。

朋友之间交际的一种至高境界莫过于简单的纯粹,是另一种深刻中的清醒。君子之交淡如水能流传下来,一些安静、恬淡的友情,反而能沉淀出真味。浮躁之后,四十不惑之后,发现来往最多的还是发小、是幼伴、是青春时的陪伴者。

年轻人拼命向外飞,拓展外部,希望和很多的人产生联结,恨不得让全世界都认识自己。然后,某一个瞬间忽然才明白,通讯录上的名字是越来越多了,可是在那一夜、那一天,自己乐意打电话联系求助的人却更少了。日常为了维系所谓的朋友友好关系,还要被迫抽出大量的时间、金钱等投入,三年、五年、十年过去了,遗失了自己的本真,还有自己可能的其他更好领域发展,哀叹时,悔之晚矣。

一死一生,乃见交情。交情不是矫情,而是出于纯洁和挚诚。最美好的友谊,不是锦上添花,而是雪中送炭!

◎ 学思知行

交友之道。"兵不在多,在于足用。"交友之道亦如是,朋友之间绝非相互利用,而是相互砥砺,共同进步。也许,拥有的朋友太多,会徒增更多烦恼。交往圈子越大,相对包容度会越小;拥有的东西越多,内心的富足越少。人生是一段孤独的旅程,如果有这么一些人陪你颠沛流离,和你一起翻山越岭,无疑是一件幸运又幸福的事情!盲目追求纷繁,活得更疲累。不如回归至简的交友之道,也是美好。

微友之志。鲁迅写给瞿秋白,"人生得一知己足矣,斯世当以同怀视之";又在《四十一》中写道:"愿中国青年都摆脱冷气,只是向上走。不必听自暴自弃者流的话。能做事的做事,能发声的发声。有一分热,发一分光,就令萤火一般,也可以在黑暗里发一点光。不必等候炬火。"这个社会永远需要热心肠,永不绝望,永远带着热情奔赴生活。身之所向,就是一道光!

青年人学会捧着一颗心来,不带半根草去,让心与心相互碰撞,让人与人之间和谐共处,这个世界会更多一份美好,弥足珍贵!一个人,衣食足、荣辱知,不过多追逐声名,不汲汲于浮华富贵,选择更从容、更充实地交友、生活、工作,便是人间四月天。

第十四问
如何教育

子贡曰："贫而无谄，富而无骄，何如？"子曰："可也。未若贫而乐，富而好礼者也。"子贡曰："《诗》云，'如切如磋！如琢如磨'，其斯之谓与？"子曰："赐也！始可与言《诗》已矣，告诸往而知来者。"（学而第一）

子夏问曰："'巧笑倩兮，美目盼兮，素以为绚兮'。何谓也？"子曰："绘事后素。"曰："礼后乎？"子曰："起予者商也，始可与言诗已矣。"（八佾第三）

子曰："中人以上，可以语上也；中人以下，不可以语上也。"（雍也第六）

子曰："自行束脩以上，吾未尝无诲焉。"（述而第七）

子以四教："文、行、忠、信。"（述而第七）

子曰："不愤不启，不悱不发。举一隅不以三隅反，则不复也。"（述而第七）

子曰："三人行，必有我师焉。择其善者而从之，其不善者而改之。"（述而第七）

子曰："志于道，据于德，依于仁，游于艺。"（述而第七）

孔子曰："生而知之者上也，学而知之者次也；困而学之，又其次也。困而不学，民斯为下矣。"（季氏第十六）

颜渊、季路侍，子曰："盍各言尔志？"子路曰："愿车马、衣轻裘，与朋友共，敝之而无憾。"颜渊曰："愿无伐善，无施劳。"子路曰："愿闻子之志。"子曰："老者安之，朋友信之，少者怀之。"（公冶长第五）

一、自行束脩：教育首先是受教育者的"自组织"

教育首先是受教育者的"自组织"。

这种"自组织"是受教育者个体的觉醒、渴望，抑或称之为"裂变"，当一个人从他最初的懵懂到逐渐演变成一种深刻的觉醒，有了改变现实处境的冲动，有了对未来的期许，对于改变自己、提升自己多了一份原动力。这种觉醒和裂变让他们对未来有着深刻期待，他们会主动去"寻师学艺"。这可以在《西游记》里孙猴子拜师学艺那里找到相似点，悟空正是为了实现长生不老的愿望，才愿意历尽艰辛苦难漂洋过海去学艺。

孔子"十有五而志于学"，周恩来十四岁立下"为中华崛起而读书"的宏志。这种宏志，不是三五岁的幼儿在家长的诱导下发出"我要当总统！""我要当科学家！"之类的口号。幼儿时期说出的许多话不可全部当真，因为他们的心智并不成熟，因此这些雷人的口号都可以不作数的。十四五岁，是人认知觉醒的"临界点"，这个时期青年人发出的豪情壮志都是值得赞美，值得期许的。正像毛泽东当年激情满怀写下的这首诗：

孩儿立志出乡关，学不成名誓不还。

埋骨何须桑梓地，人生无处不青山。

所以，孔子在《论语》中强调说："自行束脩以上，吾未尝无诲焉！"

孔子在这里强调"自行束脩"，也有着特别的意味。这种自行束脩，不是家长代缴学费，而是学生为了提升自己改变自己，自行筹措学习经费，避免有些孩子花父母的钱不肉疼的胡乱应付。

对于来此上学的学生，孔子在教育上依旧强调受教育者个体的"参悟突破"："不愤不启，不悱不发。举一隅不以三隅反，则不复也。"（述而第七）这句话的意思是，受教育者自身若还未到他努力想要弄明白而不得的程度、不到他内心明白而说不出的时候，就不要去启发他；如果他不能举一反三，就不要反复给他举例。你无法叫醒一个装睡的人，同样，你也无法教会一个无所用心的人！

学者闫冰、李朝晖认为，人之所以为人的第一个阶段是由"生物人"变成
"社会人"。从社会学角度看，由"生物人"变成"社会人"，实质是一个人社
会化的过程。霍兰德指出，社会化是作为获得特有的人类特征的手段而开
始的。社会化是每个人的必然经历，也是社会发展和进步的需要。从古至
今，人们都在自觉或不自觉地寻找一种适当的方式促进人的社会化，使人从
"生物人"变成"社会人"。孔子重视间接经验对人的影响，通过学习间接经
验，促进人的社会化。再由"社会人"变成"道德人"是儿童发展的第二境界。
作为道德人最直接的体现是有礼。古人云："凡人之所以贵于禽兽者，以有
礼也。"[①]

日本有学者提出让孩子十三岁之前"野蛮生长"，十三岁后再加以约束
教育，让孩子由从"生物人"实现"社会人"的转变，孔子则提出用"礼"来规
范学生的野蛮生长，孔子不但是教育学生如此，教育自己儿子更是如此：

陈亢问于伯鱼曰："子亦有异闻乎？"对曰："未也。尝独立，鲤趋而过庭，
曰：'学《诗》乎？'对曰：'未也。''不学《诗》，无以言。'鲤退而学《诗》。他
日，又独立，鲤趋而过庭，曰：'学《礼》乎？'对曰：'未也。''不学《礼》，无以
立。'鲤退而学《礼》。闻斯二者。"陈亢退而喜曰："问一得三，闻《诗》，闻
《礼》，又闻君子之远其子也。"（季氏第十六）

教育首先是教育学生学做人，成为"社会人"，熟悉这个社会的法则和各
种生存生活技能，包括为人处世的准则。教育的方法重要的是启发诱导。
孟子云："君子引而不发，跃如也。"（《孟子·尽心上》）《礼记·学记》云："君
子之教，喻也。道而弗牵，强而弗抑，开而弗达。道而弗牵则和，强而弗抑则
易，开而弗达则思。和易以思，可谓善喻矣。"

意思是说，引导学生但不要牵着学生的鼻子走，激励学生但不要处处压
制学生，启发学生但不要给学生讲得太透。这样，引导学生，让学生学会和
谐共处；激励学生，学生就会学会变化举一反三；启发学生，学生才会进一步
思考。言有尽而意无穷，让学生"满腹狐疑"，可谓教育之良法。

现实中许多教师忽视了这一条简单法则，忽视学生的主观能动性，一味

---

①　闫冰、李朝晖：《孔子儿童教育思想的三重意蕴及现实反思》，载《教育评论》2019
年第 1 期，第 161 页。

通过简单粗暴的方式硬灌知识,拿传授知识代替德育,把做题技能当作生存本领,让学生死读书,读死书,不但自己出力不讨好,甚至还贻误了学生的健康成长。但许多老师打着"为你好"的旗号,采取所谓"耳提面命"的教育方式,结果被人讥讽为:一群勤勤恳恳的教师,干着把学生变笨的事情!

教师的基本素养就是爱人,这与孔子的仁心仁术思想一脉相承。学者阳泽、余小燕认为,"仁"的思想核心是"爱人","忠""恕"是"爱人"的实践模式,其行为表征是"尽力为每个人谋"。在孔子那里,他把政治和教育作为"尽力为每个人谋"的两大渠道,因为政治是"为社稷谋",可以安利天下;教育是为"立人谋",能够以教传教、惠泽庶民。尽管孔子为其政治理想奔走呼号,但他的政治抱负屡遇挫折,这强化了他的教育理想,即通过教育来"为每个人谋"。但孔子的"教为人谋"并不合所在时代的主流教育。那时官学是择材而教,挑选的是有天赋或者有背景的学生。孔子要践履"教为人谋",先得挑战盛行的择材而教,说服自己"人皆可教"。①

孔子的确出自挚诚,好为人师,又"善为人谋""愿为人谋"。但"替人谋划"或者为学生着想,不是大包大揽,全盘替代,而是提出合理的人生建议,由学生自己去选择。学者梁秋英、孙刚成认为,孔子宣布"自行束脩以上,吾未尝无诲焉",这种"有教无类"的招生原则与方法,不分性别、年龄、民族、种族,也不分社会阶层、家庭财产状况或地域来源,为每一个人提供接受教育的机会和发展的可能,创造相对公平的教育机会。② 所以,孔子的"善为人谋"不是基于某一个个体,而是面向整个人类社会的谋,或者确切地说为下层百姓来谋划一条出路。

二、因材施教:何人可与言诗矣

孔子的第二条教育原则是因材施教:"中人以上,可以语上也;中人以下,不可以语上也。"

---

① 阳泽、余小燕:《孔子因材施教的人学思想及其现代启示》,载《成都航空职业技术学院学报》2018 年第 4 期,第 72 页。

② 梁秋英、孙刚成:《孔子因材施教的理论基础及启示》,载《教育研究》2009 年第 11 期,第 89 页。

孔子对人的智力与认识能力做了分类。如："生而知者,上也;学而知之者,次也;困而学之,又其次也;困而不学,民斯为下矣。"(季氏第十六)这大概是他因材施教的理论和现实依据。又如："德行:颜渊、闵子骞、冉伯牛、仲弓。言语:宰我、子贡。政事:冉有、季路。文学:子游、子夏。"(先进第十一)这一方面反映了孔子教育已经有了不同的科别,另一方面也反映了孔子根据不同弟子的爱好、秉性、天赋、智力以及特长等情况,在教育上有所不同和侧重。①

我们可以在《论语》中找到许多这样的教学范例:

> 子路问:"闻斯行诸?"子曰:"有父兄在,如之何其闻斯行之?"
>
> 冉有问:"闻斯行诸?"
>
> 子曰:"闻斯行之。"
>
> 公西华曰:"由也问闻斯行诸,子曰,'有父兄在';求也问闻斯行诸,子曰,'闻斯行之'。赤也惑,敢问。"
>
> 子曰:"求也退,故进之;由也兼人,故退之。"(先进第十一)

同样一个问题,孔子却针对不同学生给予不同的回答,就是因人而异,采取的不同教育策略。世界上没有绝对的真理,只有相对的适用对象和与之相关的时机。子路这个人是粗犷豪放的人,勇敢而冒进,所以,孔子让他和父兄商量,其实也是一种"缓兵之计",让他从长计议、三思而后行。冉有这个人心细柔弱,敏感多思,容易举棋不定,所以孔子让他有好的想法就要立即去做。对于许多人倡导的"三思而后行",孔子提出"再思即可",也就是思考两次就成了。稳妥之船未必开得很远,中国大多数习惯守成,缺少开拓精神。孔子对"三思而后行"是反对的,后代人断章取义地奉为圭臬,谬矣!

孟子说,得天下英才而教育之,一乐也!(当然,这句话的反话就是:得天下之笨才教育之,一苦也!)

子贡和子夏就是这样的英才,他们善于思考,善于发现,更善于由此及彼,举一反三,融会贯通:

---

① 任意君:《孔子教育思想的内涵、路径与方法》,载《黑河学刊》2019 年第 1 期,第 141 页。

子贡曰："贫而无谄，富而无骄，何如？"子曰："可也。未若贫而乐，富而好礼者也。"子贡曰："《诗》云，'如切如磋！如琢如磨'，其斯之谓与？"子曰："赐也！始可与言《诗》已矣，告诸往而知来者。"（学而第一）

子夏问曰："'巧笑倩兮，美目盼兮，素以为绚兮'。何谓也？"子曰："绘事后素。"曰："礼后乎？"子曰："起予者商也，始可与言诗已矣。"（八佾第三）

和这样的学生交流，师生互动不但充满着乐趣，还充满着互补，增进，提升！学生从教师那里受教，进而启发教师，让教师受到感悟和启迪，这无疑是一种美的享受，灵魂的契合，可以与天地精神相往来。

韩愈在《师说》里说教师的作用有三："传道、授业、解惑！"这些话也不全对，教师的作用还在唤醒。古人以孔子为"木铎"，就是努力唤醒那些在黑屋子里熟睡的人们！《论语》中还有这样一个经典的教学片段：

颜渊、季路侍，子曰："盍各言尔志？"子路曰："愿车马、衣轻裘，与朋友共，敝之而无憾。"颜渊曰："愿无伐善，无施劳。"子路曰："愿闻子之志。"子曰："老者安之，朋友信之，少者怀之。"

孔子让学生"各言其志"，学生尽情发挥自己的看法，学生也询问孔子的志向，这种平等的师生交流，不但打开了对话大门，创造了和谐的教学环境，也达成最好的教育效果。孔子通过"言""听""观""察""省"，对其弟子有了全面而深入的了解，达到了知人而乐的境界，奠定了因"爱人"而"知人"的人本思想核心。学生通过师生交流，更能相互砥砺，取长补短，增进提升。

依据孔子对"因材施教"的诠释及其实践路径，不难看出，"因材施教"的关键在于通过对学生准确、全面的了解，各依其长、兼据其短，帮助学生充分发挥所长，克服所短，抑或扬长避短，取得应有的进步。这种思想正是我们今天追求教育过程公平的应然之意，是我们推进教育公平进程、践行教育本质内涵、彰显人性之光的关键所在。①

所谓教育过程公平,就是通过研究学生的身心特点、认知规律和情感变化等方面的共性特点与个性差异,创设特色鲜明的优质教育资源,帮助具有不同潜能、不同个性特点与兴趣爱好的学生接受适合于自身发展的教育,达到孔子乐学乐教的境界,并使学生都能充分发挥所长、克服所短、取得长足进步的教育实践历程。也就是孔子已经践行,我们一贯倡导的"因材施教"。②

三、四教五观:孔子教育的三个梯度

子以四教:文、行、忠、信。这四个方面是孔子一以贯之教育方针的集中体现,核心依然是"仁",因此,孔子的教学也被称为"仁学"。学者韩延明认为,孔子的"仁"学,本质上是"人"学。其"人之为仁""仁之所用"的学说蕴涵着五种先进观念,即人类观、人格观、人和观、人为观和人贵观。(一)人类观,即人类与天地万物是一个统一的整体。人必须将追求自身的生存、发展与升华纳入自然界客观发展的系统之中,即人类以仁爱之心善待自然,寻求与天地万物的长远的共生共荣,即"天人合一";(二)人格观,即因材施教,旨在培养德才兼备、"文质彬彬"的"君子"。孔子认为,君子的人格特征主要体现在三个方面:有德,怀仁,取义;(三)人和观,即孔子生活在"礼崩乐坏"时局动荡的战乱年代,他渴望建立一个和谐稳定的"大同社会";(四)人为观,即孔子在教育教学活动中特别强调人的主体意识的觉醒,认为人自身的努力是成就事业的关键;(五)人贵观,即孔子主张以人为贵,关心人、爱护人、鼓励人、发展人、成就人,力求最大限度地尊重和满足人的生存需要、生活需要、生长需要和生命需要。③

但在具体的教育实践中,孔子依然进行了"梯度"设计:

---

① 梁秋英、孙刚成:《孔子因材施教的理论基础及启示》,载《教育研究》2009 年第 11 期,第 89 页。

② 陶西平:《现代化进程中的校长使命》,《中国教育报》2008 年 1 月 8 日。

③ 韩延明:《孔子人文教育理念探析》,载《齐鲁师范学院学报》2018 年第 2 期,第 72、73 页。

子曰:"志于道,据于德,依于仁,游于艺。"(述而第七)

这句话可以体现教育思想的三个梯度:

太上"志与道"。学习的最终指向是"道",这是孔子教育的出发点,也是其至高追求和最终归宿。钱穆先生说:"孔子之学,以人道为重,斯必学于人以为道。道必通古今而成,斯必兼学于古今人以为道。道在人身,不学于古人,不见此道之远有所自。不学于今人,不见此道之实有所在。不学于道途之人,则不见此道之大而无所不包。"①

对于"道"和"仁"前文已有论述,这里不再赘述。

其次"据于德",其次"依于仁"。孔子的"德"主要"主忠信",其次是"义",其次是"言"。孔子把"慎言"当做美德,在《论语》中屡屡提及,教导其弟子要"敏于事而慎于言"(学而第一),"先行其言而后从之"(为政第二),反对"巧言令色",认为"巧言令色,鲜矣仁"(学而第一),"仁"是一个人行为的内核,"德"则是其行为的外现。

其次"游于艺"。"六艺"可以指《诗》《书》《礼》《易》《乐》《春秋》,据《史记·孔子世家》中载:"孔子以《诗》《书》《礼》《乐》教,弟子盖三千焉,身通六艺者七十有二人。"其次是指六种技能:礼、乐、射、御、书、数,这是周朝官学要求当时贵族掌握的六项基本才艺与技能。"六艺"是生活中六种基本技能,也是学生未来立足社会的生存技能,这是孔子最接地气的所在。教育的重要作用是通过自身技能寻找安身立命的途径,其次是学以致用服务社会报效国家,其次是修身成就志士仁人。"道"与"德"或者"仁"不论是多么宏大的道场,但人首先是"生物人",开门七件事,需要柴米油盐,其次才是"社会人",自然有种种需求,先物质而后精神,先有经济基础而后进行上层建筑。

傅佩荣教授认为,孔子的教育是一种"全人教育"。全人教育的理想,就是成就一个完整的人。第一是人才教育,第二是人格教育,第三是人文教育。人才,人格,人文,三者合起来就叫全人。②

孔子教育的目标是成就君子,准确讲是一种精英教育,借助这些精英,

---

①　钱穆:《论语新解》,生活·读书·新知三联书店 2005 年版,第 184 页。

②　傅佩荣:《孔子九讲》,中华书局 2008 年版,第 49 页。

架起沟通上层国君和下层百姓的桥梁,并且通过他们实现政治理想。

教育最初是"小众"的,是精英教育。直到19世纪班级教学出现以后,教育逐渐走向"大众化"。"大众化"的优势是培养了大量符合工业化需求的人才,它的劣势是渐渐把孩子也变成工厂流水线的产品,把本来各具个性的学生变成了符合特定要求的产品。

"班级"教学就是适应"大众化"需求的产物。为了便于管理,班级化管理常常采取半军事化半工厂化生产模式,这样做的缺点是容易消弭个性,泯然"众人",但其优点同样显而易见,能够培养大批适合社会需要的各类技术人才。

但人毕竟不是机器,批量化的生产无法满足人们内心的深层需要,而教育必须是人的教育,教育的终极关怀就是培养一个全面发展的人!

◎ 学思知行

教育所在。子曰:"君子谋道不谋食。耕也,馁在其中矣;学也,禄在其中矣。君子忧道不忧贫。"(卫灵公第十五)在孔子看来,通过学习提升自我,完善自我,自然"禄在其中",就像后世有人所说:"我不求富贵,但教富贵求我。"今日的教育,学生大多为了"谋食"求学,为了"功名"的发愤,亦在"禄中"耳!但这毕竟不是"谋道",所以,教育尚在必须激发学生崇高的理想,悯人的情怀以及"为有牺牲多壮志,敢教日月换新天"的无私奉献精神。

我们所推进和倡导的教育公平,应该是"有教无类"基础上的机会公平、"因材施教"为主旨的过程公平和"人尽其才"为追求的结果公平的有机统一,而不仅仅是今日有关部门所极力维护简简单单的考试公平!

教育本质。教育需要回归教育本来的样子,首先教育来自受教育者的"自组织",或者说来自教育者的唤醒,而不是生硬地灌输。

教育首要目标是教会学生学会爱,如何爱,热爱自己和他人、他物的生命,热爱亲人,热爱社会,热爱生活。学会选择适合自己幸福自由地生活方式,为学生一生幸福奠基,而不是简单地教会孩子获取知识,获取高分,获得一份大学的录取通知书或者一个父辈认可的饭碗。

第十五问
如何做事

子张学干禄,子曰:"多闻阙疑,慎言其余,则寡尤;多见阙殆,慎行其余,则寡悔。言寡尤,行寡悔,禄在其中矣。"(为政第二)

子贡曰:"我不欲人之加诸我也,吾亦欲无加诸人。"子曰:"赐也,非尔所及也。"(公冶长第五)

子以四教:文、行、忠、信。(述而第七)

子曰:"奢则不孙,俭则固。与其不孙也,宁固。"(述而第七)

子曰:"不在其位,不谋其政。"(泰伯第八)

子绝四:毋意,毋必,毋固,毋我。(子罕第九)

子曰:"见善如不及,见不善如探汤。吾见其人矣,吾闻其语矣。隐居以求其志,行义以达其道。吾闻其语矣,未见其人也。"(季氏第十六)

子张问孔子曰:"何如斯可以从政矣?"子曰:"尊五美,屏四恶,斯可以从政矣。"子张曰:"何谓五美?"子曰:"君子惠而不费,劳而不怨,欲而不贪,泰而不骄,威而不猛。"子张曰:"何谓惠而不费?"子曰:"因民之所利而利之,斯不亦惠而不费乎?择可劳而劳之,又谁怨?欲仁而得仁,又焉贪?君子无众寡,无大小,无敢慢,斯不亦泰而不骄乎?君子正其衣冠,尊其瞻视,俨然人望而畏之,斯不亦威而不猛乎?"子张曰:"何谓四恶?"子曰:"不教而杀谓之虐;不戒视成谓之暴;慢令致期谓之贼;犹之与人也,出纳之吝谓之有司。"(尧曰第二十)

子贡问为仁。子曰:"工欲善其事,必先利其器。居是邦也,事其大夫之贤者,友其士之仁者。"(卫灵公第十五)

子曰:"唯上知与下愚不移。"(阳货第十七)

"工欲善其事,必先利其器。"(卫灵公第十五)先学做人,然后做事。孔子虽然提出"君子不器",只是强调通才教育,在此基础上"学艺"。孔子人生崇高的理想追求是"道",而不是今日世俗意义的"成功"。孔子没有鼓励学生"立功",只是让学生做好自己的本职工作,做一些利国利民之事。

一、做好你自己:敏于事而慎于言

如何做人,孔子用四个字教导学生:文、行、忠、信。

"忠信"自不必多说,这是做人之本,立业之基。孔子还强调"文"与"行"。

言之不文,行而不远。孔子是圣人,更洞察人心。他鼓励学生做正直的人,但也不要求你说话直来直去,除了要讲究话说的场合、方式还有时机外,还要讲究语言的技巧、自身的技能以及基本的处世原则。这一切,都需要学习,孔子自然提出:"居是邦也,事其大夫之贤者,友其士之仁者。"(卫灵公第十五)

向他人学习,恭敬地向前辈学习(侍奉贤能的大夫),结交仁爱之人,这就是孔子对学生的教导,也是其一生的写照。

在物质贫乏的时代,没有多少书,无法更多地从书本上间接获取知识,那么,向优秀人物学习就是简单有效的路径;和优秀人物切磋琢磨,交流心得,永远是最直接也是最有效果的方式之一。在当下物质充足、时间充裕、知识爆炸的年代,可以通过更多媒介不断地去读书去学习,正像毛泽东所说的:"饭可以一日不吃,觉可以一日不睡,书不可以一日不读。"但是,反观现在,读书空气日渐稀薄,读书种子日渐稀少,读书心态日渐浮躁。今日初中、高中、大学生读书"寻章摘句"、碎片化阅读大有人在,意在求得一张大学"门票"。有的大学生读书只为应付考试,目的在于找一份好的工作。淡泊名利之心少了,好学深思之问缺失了,潜心治学者更是寥寥。但是,人的各种欲望却越来越大,好逸恶劳之心渐生,不安其位的人渐多。如若扪心自问,现在大学生究竟学到了什么,恐怕不少学生会理不出头绪,或者"空空如也"

之惑！

为人"大目标"：志道、据德、依仁。做事"小目标"，根据自己拥有的"艺"，确立自己应有的位置。但孔子反对学生目空一切，他还是要求学生"低调"务实一些，拿出行之有效的方式、方略，确保自己在岗位上"立得住"。

对于"行"。孔子提出君子"敏于事而慎于言"，要求学生对事情有洞察力，有远见，有行动力，谨言慎行，还要对人情世故有清醒的认知，他提出的行之有效的方法路径是：

"多闻阙疑，慎言其余，则寡尤；多见阙殆，慎行其余，则寡悔。言寡尤，行寡悔，禄在其中矣！"（为政第二）

多看、多听、多观摩，在此基础上保留质疑的品质，敏事前慎言。不说则已，一说则"言必有中"；不做则已，一做则干净利落准确无误，甚至达到"一鸣惊人"的效果。这就是对于年轻工作者的谆谆教诲，按照孔子的告诫，你无论在任何岗位上都能"立得住""做得来""发展得开"。

二、坚持自己，但绝不固执己见

做好我自己，坚持自己做好，保持独立的人格和自由的精神，这是做人难能可贵的品质，但是现实是，往往人在江湖，身不由己。我们无法与他人与社会割裂开来，也无法真正做到"遗世独立"笑傲江湖，就需要寻找和外部世界相处的办法。《论语》中，曾有孔子和子贡的一段对话，值得我们细细玩味："子贡曰：'我不欲人之加诸我也，吾亦欲无加诸人。'子曰：'赐也，非尔所及也。'"（公冶长第五）

子贡有很大的才能，而且取得了很大的成就，无论是经商还是做官他都能够游刃有余，得心应手。有一天，他对孔子说："我不想让别人把一些事强加在我身上，我也不想强加于别人。"子贡的这番话好像是孔子"己所不欲，勿施于人"的翻版，只不过主客体倒置了，看似没有什么不可。但孔子还是表示："赐也，非尔所及也！"

孔子的言外之意就是，我们可以提高自己的修为，努力做到"己所不欲勿施于人"，不强加于人，但你作为社会的一员，你也不能保证别人能和你一样，你无法捆住别人的手、堵上别人的嘴，不让自己遭受任何攻击和批评，即使你小心维持得再好,恐怕也无济于事!何况还有些统治者一不小心给你来个"莫须有",更不要说"强加之罪,何患无辞"?

孔子清醒地认识到没有人可以真正"闭关自守",守着自己的"半亩方塘",可以"躲进小楼成一统,管他冬夏与春秋"(鲁迅诗句),人无法拒绝外部世界的干扰,必须融入这个世界,何况你是金子抑或是石头,你自身的观点正确与否,都要在这个世界寻找检验真理之路。

为了达成这一点,孔子主张"绝四":"毋意,毋必,毋固,毋我"(子罕第九)。对于四点,学者解说不尽相同,但大同小异。

李零先生在《丧家狗》中对这句话的解释是:不臆测,不武断,不固执,不主观。

李泽厚先生在《论语今读》中认为:"孔子断绝了四种毛病,不瞎猜,不独断,不固执,不自以为是。"他认为,什么是我,是最大的问题。孔子的"无我"与现代理论差距太大,此处的"我"应是"不自以为是",包括不自以为是和不以自己的得失、利益为准绳。

南怀瑾先生在《论语别裁》中认为:毋意,是说孔子做人处世,没有自己主观的意见,本来想这样做,假使旁人有更好的意见,他就接受了,并不坚持自己原来的意见;毋必,是他并不要求一件事必然要做到怎样的结果,这一点也是人生哲学的修养,天下事没有一个是"必然"的,所谓我希望要做到怎样怎样,而事实往往未必。天下事随时随地,每一分钟,每一秒钟都在变,万物在变,人也在变。我们想要求一成不变是不可能的。孔子深通这个道理,所以他"毋必",就是能适应,能应变;毋固,是不固执自己的成见;毋我,是专替人着想,专为事着想。这是孔子学问修养的伟大之处。①

而笔者较为倾向钱穆先生的解释。

第一,毋意,就是不主观臆测,不要隔空猜物进行主观臆断,凡事都需建立在调查研究的基础之上,正像毛泽东所说,没有调查,就没有发言权。任何建设性的建议和大刀阔斧的举措,都是建立在深入调查的基础之上。

兼听则明,偏信则暗,如果连基本的倾听也没有,会陷入怎样昏暗不明

---

① 南怀瑾:《论语别裁》上册,复旦大学出版社 1990 年版,第 429 页。

的境地，又会给事业带来怎样的危害？先入为主，就会意气用事，本末倒置；感情用事，或夸大事实，或不以为然；更忌以点带面，以偏概全，拍脑袋决策，拍胸脯表态，最后拍屁股走人！古人故事中的"智子疑邻"，就犯了这种毛病。

第二，毋必，就是不绝对。钱穆先生认为，"此必字有两解，一，固必义。如言必信，行必果，事之已往，必望其常此而不改。一，期必义。事之未来，必望其如此而无误。两说均通，如用之则行，舍之则藏，即毋必。"①

孔子认为"言必信，行必果。硁硁然小人哉"。（子路第十三），这是"小人"作为。不达目的誓不罢休固然勇气可嘉，但如果方向思路不对头，不撞南墙心不死，即使头破血流也于事无补，更是愚不可及！何况岁月不居，时光如流，事情永远都在不停地变化之中，用静止的观点看待过往，或者期望未来一切如自己所愿，都是不切实际的空想。况且，现实多坎坷，人事多有磨难，千变万化种种是必然，哪有"必定"之事呢？

不委身于虚伪，不执着于虚无。人生多艰难，还是务实一点好。古人用诗道出人生的艰辛不易，曰：

> 不如意事常八九，可与人言无二三。
>
> 十有九输天下事，百无一可意中人。

第三，毋固，就是不固执拘泥。钱穆先生释曰："固，执滞不化义。出处语默，惟义所在，无可无不可，即毋固。或说固当读为故，所谓彼一时，此一时，不泥其故。两义互通，今仍做固执解。"②

"执着"本来是褒义词，但执着过分，就会走向反面：固执己见，顽固不化，泥古不化，师心自用，墨守成规，不撞南墙不回头……诸如此类，就是对具有执念的某些人的批评。条条道路通罗马，不断创新方为真。何况，彼一时，此一时，因循守旧，本本主义，总是害人不浅的。

第四，毋我，不自以为是，不师心自用，达到无我之境。钱穆先生释曰：

---

① 钱穆：《论语新解》，生活·读书·新知三联书店 2005 年版，第 223 页。
② 钱穆：《论语新解》，生活·读书·新知三联书店 2005 年版，第 223 页。

"我,如我私我慢之我。或说:孔子常曰:'何有于我哉','则我岂敢',此即无我。又说:孔子述而不作,处群而不自异,唯道是从,皆无我。两说亦可互通。圣人自谦者我,自负者道,故心知有道,不存有我。"①

项羽兵败乌江,还不知反省自身,依旧主观地认为:"此天亡我,非战之罪!"是耶? 非耶?

一个人的眼界、心胸、能力、智慧,决定着其事业发展的高低。

对于我们一个平凡之人来说,不是那种振臂一呼、应者云集的风云人物,力所能及能够做到的,就是做我自己,做好我自己,做好自己的本职工作,已是自己的不平凡!

不在其位,不谋其政!(泰伯第八)

与此相反,现实中有人总是不安其位。总想要跳槽,想要爬上更高的位置,这种"得陇望蜀"也属人之常情,本无可厚非,但是如果一味盯着别人的错误,把别人踩在脚下往上爬,则就为人不齿了。

世界上有三样事情:老天爷的事,别人的事,自己的事。一些中国人的悲剧,恰恰在于总是喜欢想着老天爷的事,盯着别人的事,唯独忘记了自己的事。是悲,非悲。

三、尊"五美",摒"四恶":身在公门如修行

做好自己的事,学做好人。"见善如不及,见不善如探汤!"(季氏第十六)在孔子看来,见贤思齐,见不贤不但要自省,还要像"探汤"一样警惕,火中取栗,于己于人于社会没有一点好处。

如果你渴望做官,还要"尊五美,屏四恶"。孔子提出的几点,也应为当今领导干部身体力行的行为准则。

所谓"五美":君子惠而不费,劳而不怨,欲而不贪,泰而不骄,威而不猛。(尧曰第二十)

其一,惠而不费。为官一任,造福一方。无疑是对领导干部的基本要求,也是为官基本道德。孔子提出要给百姓带来实惠,不要浪费。不要为了

---

① 钱穆:《论语新解》,生活·读书·新知三联书店2005年版,第223页。

面子工程、政绩工程而劳民伤财；更不要为了眼前利益，大建工程大上项目，更不要大肆开采破坏资源祸及子孙；对关于百姓切身利益之事更不要"口惠而实不至"。

不图虚名，不务浮声，不做虚功，真心实意为百姓办实事，做好事，解难事，把每一分钱都用在刀刃上，自然能够获得人民群众的拥护，古今皆然。

其二，劳而不怨。为官初衷不是享受，而是为人民服务，何况这是你的人生追求，求仁得仁何须怨？如果你不选择这个行业，自然"无丝竹之乱耳，无案牍之劳形。"孔子做事提倡"敬"，古人云百姓是官员的"衣食父母"，所以做事如同侍奉父母，"事父母几谏，见志不从，又敬不违，劳而不怨。"（里仁第四）

拿对待领导的态度对待父母，拿对待父母的心意对待人民！民之所忧，我之所思；民之所思，我之所行。问政于民，问计于民，问需于民，与民心民意合拍，自然不觉辛劳，更不会招致怨恨。

其三，欲而不贪。个人有点欲望并不打紧，孔子也没有要求"存天理，灭人欲"，他总是接地气地在人欲和天理之间找到理性的桥梁。这种桥梁就是中庸之道。凡事不要太过，太过就是"非理""非人"。后代程朱把孔孟拔高成巍然耸立的高山，这座山反而把人们压得喘不过气来，后必欲推翻而后快。其实这一切又何尝是孔子的本意？

领导干部保持适度欲望，就是保持进取心、上进心，保持开拓进取的先锋意识，但是要反对贪功冒进，得陇望蜀。极简主义，低欲望生活固然极简，但也容易丧失进取心和创新意识。但是欲望太大，恐怕也会欲壑难填产生非分之念。知足不辱，知止不殆，就是最好的注解。

其四，泰而不骄。"得意淡然，失意泰然，有事渐然，无事澄然。"这是做人境界，也是领导干部基本素质。毛泽东说："戒骄戒躁，永远保持谦虚进取的精神。"永远值得每个人遵循牢记。相反，如果有了一点功劳，就有了倨傲之心，颐指气使大耍官威，则会遭人唾弃。

其五，威而不猛。孔子说"君子不重则不威"（学而第一），这里的"重"就是自尊庄重，孔子进一步解释说："君子正其衣冠，尊其瞻视，俨然人望而畏之，斯不亦威而不猛乎？"（尧曰第二十）领导干部要有领导干部的样子，不能"望之不似人君",但领导干部的"威"主要来自百姓的敬仰,这种敬仰是发自内心的敬服和爱戴。"公生明,廉生威",领导干部不需要摆出拒人千里之外的架势,相反保持和蔼可亲的亲民之态,更容易获得人们的认同。

"泰而不骄"和"威而不猛",是就为政者待人接物方面而言的,意思是要雍容大方却不骄傲自大,有威严而不凶猛。领导干部本质上是人民公仆,理应时刻牢记权力是人民赋予的。要为人民掌好权、用好权,理应时刻保持一种平民的心态,不可高高在上,自以为是,忘乎所以,对群众漠不关心、麻木不仁,对下属傲慢无礼、颐指气使。如果任由这样,其结果只会脱离群众,失去民心。有鉴于此,作为领导干部,在日常生活和工作中,不妨把姿态放低一些,对群众谦和一些,这样不仅不会削弱领导力,反而会有助于提升亲和力,增强领导力,真正在群众心目中树立起爱民、亲民的良好形象,最终赢得群众的拥护和爱戴。①

李世民当了皇上后,希望百官进谏,但是诏令发出后并没有出现《邹忌讽齐王纳谏》那种"门庭若市"的局面,他感到奇怪,就问魏征,魏征说:"陛下总是一脸严肃,大臣们见了就害怕,怎敢说内心话呢?"李世民听了,就认真改变,对着镜子练习微笑,放下架子主动招呼大臣说话,以微笑礼遇群臣,大臣们也渐渐敞开心扉,最终上下齐心开创"贞观之治"!

美国石油大王洛克菲勒也有这样的遭遇。他发现自己虽然每年捐赠不菲的钱财,但社区百姓对他并不亲热。询问得知,因为他平时总是车接车送前呼后拥,市民自然对他有距离感。知道缘由后,洛克菲勒轻车简从,在社区附近就下车,主动和社区居民打招呼,很快和周围民众打成一片。由此可见,"泰而不骄,威而不猛"何等重要!近年来不断爆料一些"小官"乱耍官威,止增笑耳!

有人说,下等人,没本事脾气不小;中等人,有本事也有脾气;上等人,有本事没有脾气。有一定道理。有本事的人不需形之于色,自然让人敬服。

所谓"四恶":不教而杀谓之虐;不戒视成谓之暴;慢令致期谓之贼;犹之与人也,出纳之吝谓之有司。(尧曰第二十)

---

① 刘建明:《由为政"五美"说开去》,载《领导科学论坛》2012年第12期,第42页。

其一，不教而杀谓之虐。孔子提出的为政步骤有三——来之，富之，然后教之；对百姓的管理是循序渐进，他主张德主刑辅，即使使用刑法，也力主"慎杀"：

> 季康子问政于孔子曰："如杀无道，以就有道，何如？"孔子对曰："子为政，焉用杀？子欲善而民善矣。君子之德风，人小之德草，草上之风，必偃。"（颜渊第十二）

即使国家进入紧急状态，不得已保家卫国，他也要求施政者首先要训练百姓，教给百姓战斗技能和各种规范（纪律），在他看来，"以不教民战，是谓弃之。"（子路第十三）和平时期，如果没有教育百姓就剥夺百姓生命，孔子视之为"虐"，这是酷吏。

"勿谓言之不预也"，这是古人常用的措辞。这种措辞本身，就是先告诫百姓，让百姓知晓法令，熟悉法令。

大家熟知美国社会中"米兰达警告"，就是警察在逮捕犯人时要向他宣布自己具有的那些权力，这种宣告本身就是"教"。当然，这种"教"在其逮捕之前宣告的行为方式，不是野蛮粗暴逮捕之中或者之后完成的，否则依然成为"虐"。2020年美国警察野蛮对待黑人佛洛依德致死，就引发了全美"黑人的命也是命"的抗议浪潮。

其二，不戒视成谓之暴。同样，没有教给百姓方法，就要求百姓完成某种工作，在孔子看来就是"暴"。简单粗暴，不讲方法，但问结果，野蛮对待。这与"暴政"相差无几。暴政猛于虎，所害甚大。因此古人提出：

> 催科不扰，催科中抚字；
> 刑罚不差，刑罚中教化。①

意思说，催征赋税不要扰民，就是安抚养育百姓，刑法不以暴制暴，而是

---

① ［清］金缨：《格言联璧》，书海出版社2001年版，第170页。

通过刑罚进行教育百姓。还说：

> 刑法当宽处即宽，草木皆上天生命；
> 财用可省时便省，丝毫皆下民脂膏。①

古人尚有如此情怀，何况今日之人呢？孔子提出："宽则得众，信则民任焉，敏则有功。"（尧曰第二十）

其三，慢令致期谓之贼。有人认为，其先懈怠，突然限期称为贼！钱穆先生释曰："先为教令，不丁宁申敕，而往后刻期无许宽假，缓于前，急于后，误其民而必刑之，是有意贼害其民也。"②

任务布置下来了，不是事先讲期限提要求，而是漫不经心地布置下去，没有进行严厉的督促，但等到期限到了，就拿起杀威棒，对完不成任务的百姓大肆惩罚，肆意剥夺百姓的权力，这无疑是"暴贼"作为。

这种情形近乎今日某一事情的"钓鱼执法"，先是给老百姓以假象，当百姓违反法令后严苛执法，这就是作奸犯法。法律无外人情，只有体察民心，顺应民意，才会得到百姓的真正拥护。法律是维护社会稳定的基石，不能成为扰乱社会、扰乱民心的渊薮。

其四，犹之与人也，出纳之吝谓之有司。许多统治者在自己的享受上挥金如土，奢侈浪费，"取之尽锱铢，用之如泥沙"，但在事关民生国计的问题上，却斤斤计较，不肯取之于民，用之于民，这种"吝啬"的行为，同样为孔子所不齿。在孔子看来，这种行为，已经伤害到基本的政治生态，不利于社会的长久发展。

身在公门好修行。为政者做好日常功课，就如同僧众打坐，诵经念佛，本身就是"精进"之事，也是德业之基。只不过他们一个是解决百姓现实的困难，一个是解决思想上的困扰而已。

如果你具备扬"五美"摒"四恶"的品质，就如同完成了一场艰难的修行，做人做事轻松自如绝对不在话下，达到这种境界，品优则仕，"斯可以从政

---

① ［清］金缨：《格言联璧》，书海出版社 2001 年版，第 170 页。
② 钱穆：《论语新解》，生活·读书·新知三联书店 2005 年版，第 509 页。

矣",一定会有更加美好的将来!

当然,无论仕途还是人生,人间正道是沧桑,你还要坚定你的目标,咬定青山不放松,百折不挠,上下求索!

子曰:"唯上知与下愚不移。"(阳货第十七)

《阿甘正传》里的那个看似头脑有点"残"的阿甘,他平生就爱一个人,就做一件事,结果他成功了!

◎ 学思知行

做事之习。孔子倡导身体力行的做事方式,同样保持一以贯之的人生态度:"主忠信",然后,依于仁,游于艺。从小事做起,低调做事,敏于事慎于言。多看多听,少说慎行,"禄在其中矣"。对于不能把握的事情,虚心求教,力求拒绝"四恶"。提倡"五美",摒弃"四恶",孔子的每一句话,在今天仍然都很接地气,都可以作为青年一代甚至领导干部的"醒世恒言"!坚持做一件事并不难,难的是如何一直坚持下去,养成习惯、素养;坚持一下也是不难的,难的是不坚持到底。在流的每一滴汗水中做事,不会被辜负。相信付出不一定有收获,但不付出一定没收获。当我们坚持去做一件事的时候,其实事情的结果已经不是那么重要。因为你所有的感悟、收获,都在你迈出的每一步里边可以体会到,在你坚持向前走的每一步里边可以感受到力量,足以慰藉。

行稳致远。当然,我们多次讲到领导干部的修身,因为领导干部的一举一动都关乎千家万户,无他,"政者正也!"领导干部更要彰显"公仆"的"人民本色",克己奉公、廉洁自律,时刻做到警钟长鸣,严守纪律红线,敬畏公职,真正做到不负青山、不负人民。

汉代扬雄说:"修身以为弓,矫思以为矢,立义以为的,奠而后发,发必中矣。"意思是说,只要不断加强修养,端正思想,并将"义"作为确定的目标,再付诸行动,才能保证立身行事不偏颇。

第十六问
如何识人

子曰："吾与回言,终日不违,如愚。退而省其私,亦足以发,回也不愚。"(为政第二)

子曰:"视其所以,观其所由,察其所安,人焉廋哉?人焉廋哉?"(为政第二)

宰予昼寝,子曰:"朽木不可雕也,粪土之墙不可杇也,于予与何诛!"子曰:"始吾于人也,听其言而信其行;今吾于人也,听其言而观其行。于予与改是。"(公冶长第五)

子曰:"吾未见刚者。"或对曰:"申枨。"子曰:"枨也欲,焉得刚?"(公冶长第五)

子曰:"后生可畏,焉知来者之不如今也? 四十、五十而无闻焉,斯亦不足畏也已。"(子罕第九)

俗话说,"虎豹不能骑,人心隔肚皮",还有"画虎画皮难画骨,知人知面不知心",白居易说"行路难,不在水,不在山,只在人情反覆间",刘禹锡诗云"长恨人心不如水,等闲平地起波澜",大体都是说人心叵测,难以衡量预估。人上一百,形形色色。想要在形形色色的人中识得贤才庸人、人杰凡夫,也许高低立判相对容易,但要区分君子和小人、忠良和奸邪则相对很难。

司马迁在《屈原列传》中有这样一段文字,可谓振聋发聩:

人君无愚智贤不肖,莫不欲求忠以自为,举贤以自佐。然亡国破家相随属,而圣君治国累世而不见者,其所谓忠者不忠,而所谓贤者不贤也。怀王以不知忠臣之分，故内惑于郑袖，外欺于张仪，疏屈平而信上官大夫、令尹子兰，兵挫地削，亡其六郡，身客死于秦，为天下笑，此不知人之祸也。

如何识人，这是许多人的难解之题。

一、英雄不问出处，但问动机

如何识人，取人，用人，重用人，其中关键在于识人。

孔子的识人标准是："视其所以，观其所由，察其所安。"

"视其所以"，就是看他的立身处世的根本，每个人不妨反躬自问：我凭借什么？

是凭借勤勤恳恳脚踏实地勤劳务实，还是凭借虚应故事投机取巧弄虚作假；是凭借聪明正直立身处世，还是凭借上下其手玩弄手段……每个人凭借方式不同，他采取的行为方式以及个人心态必然迥异。用现在的话就是，讲政治，知大局，守纪律，是否时刻站在全党大局的高度和人民群众的根本利益上考虑问题。

"观其所由"，就是看他的动机。稻盛和夫说过"动机善则事必成"，如果他的动机是利己利人有利社会的，则他从事的事业必定能够做成。如果动机不良，或者为了私利，或者为了邀功，或为沽名，则往往难以成功，抑或即使成功也会再度失败。

事情的发展，总是沿着最少阻力的方向前进。具有高尚动机的人，一定会充满着担当精神，他们大多只问是非对错，不计较个人得失；他们当仁不让，不会逃避自己责任和使命；他们勇往直前，不会为人情所困，更不会轻易屈服止步。古人有副对联说得好：

大丈夫处事，论是非，不论祸福；

士君子立言，贵平正，尤贵精详。①

"察其所安"，就是看他的心态，看其情怀，看他安身立命的准则，看其有

---

① ［清］金缨：《格言联璧》，书海出版社 2001 年版，第 170 页。

所取有所不取的标准。

首先是平时他安于什么？一生如何安身立命，能不能安于现实，安于贫困，安于逆境，安于职守等等。就是他关键时刻表现出什么样的精神品质？"时穷节乃见，一一垂丹青！"（宋·文天祥《正气歌》）在危难之时，能不能风雨不动安如山，安如磐石，我自岿然不动；遇到大是大非危急时刻，能否临大节不可夺。闲暇之时，能不能心如止水，此心安处是吾乡；面对得失荣辱，能不能"心出是非外，迹辞荣辱中"（唐·许浑《送郑寂上人南行》），可不可"如烟往事俱忘却，心底无私天地宽"（陶铸《赠曾志》）。

其次看他结交的朋友。俗话说："跟着好人学好人，跟着坏人充恶神！"从一个人的朋友圈可以大体看出他的品位高低。《史记·魏世家》中谈李克论人，可以作为佐证："居视其所亲，富视其所与，达视其所举，穷视其所不为，贫视其所不取。"也就是说，平时看他亲近什么人，富裕了看他结交什么人，做官了看他推荐什么人，落魄时看他有什么不为。

一个人结交的圈子，可以看出他的处世态度，一个人在落魄时有所不为，可以看出他的人品。就像岳飞，在天下大乱的时候，百姓背井离乡生活毫无着落时，他也绝不肯落草为寇的。当然，人品才学与所处的地位没有关系。战国时期信陵君，他结交的朋友什么人物都有。大多数人物还是人尽其才的，无论是夷门侯嬴，还是屠夫朱亥，都表现出不少亮点。而同一时期的孟尝君，同样广招贤才，但门客中的人品才行则要等而下之，甚至不乏鸡鸣狗盗之徒。

清代中兴名臣曾国藩深谙识人之妙，有《冰鉴》一书传世。他特别重视一个人"精气神"，他认为"功名看气概，富贵看精神"。他说："一身精神，具乎两目；一身骨相，具乎面部；他家兼论形骸，文人先观神骨。"意思说，一个人的精神，都集中呈现在他的两只眼睛里，一个人风度神韵，主要集中在他的面孔上，工农商各界人士，既要看他们的骨骼形貌和精神状态，而文人，重要看起精神状态和骨骼形貌。二者是"神"与"行"的关系。"形"式神的物质基础，又为神之表，形出于神，为神所生，神藏于形中，由形显现。①

①　[清]曾国藩：《冰鉴》，中州古籍出版社2001年版，第1—5页。

一个人的精气神出自哪里？正如孟子所言："我善养吾浩然之气！"（《孟子·公孙丑上》）浩然之气来自何方？孟子做了进一步解释：

> 公孙丑问孟子曰："敢问何谓浩然之气？"孟子曰："难言也。其为气也，至大至刚，以直养而无害，则塞于天地之间。其为气也，配义与道；无是，馁也。是集义所生者，非义袭而取之也。行有不慊于心，则馁矣。"（《孟子·公孙丑上》）

浩然之气其核心灵魂就是正义，正气，一如屈原"众人皆醉我独醒"所坚守的，具有至大至刚的昂扬正气；如谭嗣同"我自横刀向天笑，去留肝胆两昆仑"，一往直前无所畏惧的勇气；如于谦"粉身碎骨浑不怕，要留清白在人间"，襟怀坦荡光明磊落之气。

浩然之气是人之精神"脊梁"，正义长存，则阴霾不侵；正气长存，则乾坤朗朗。

二、听其言，更重观其行

除此之外，孔子的识人主要是听其言，观其行。

宰予昼寝，子曰："朽木不可雕也，粪土之墙不可杇也，于予与何诛！"子曰："始吾于人也，听其言而信其行；今吾于人也，听其言而观其行。于予与改是。"（公冶长第五）

孔子曾经"听其言而信其行"，但现实却让他不得不做出改变，变为"听其言而观其行"。世风日下人心不古，夸夸其谈者多矣，识人也就更加困难。不过，我们还是可以通过某些人"微表情"看出一个人的内心走向。

《明史》上有这样一则故事：

> 王艮，字敬止，吉水人。建文二年进士。……燕兵薄京城，艮与妻子诀曰："食人之禄者，死人之事。吾不可复生矣。"解缙、吴溥与艮、靖比舍居。城陷前一夕，皆集溥舍。缙陈说大义，靖亦奋激慷慨，艮独流涕不言。三人去，溥子与弼尚幼，叹曰："胡叔能死，是

大佳事。"溥曰:"不然,独王叔死耳。"语未毕,隔墙闻靖呼:"外喧甚,谨视豚。"溥顾与弼曰:"一豚尚不能舍,肯舍生乎?"须史艮舍哭,饮鸩死矣。(《明史·王艮传》)

故事中解缙、胡靖都是一时名士,谢缙被朱元璋钦点过状元的。在燕王朱棣攻入南京的时候,各个陈词慷慨,准备舍生取义,只有王艮"流涕不言"。"说"和"做"结果迥异,胡靖回到家中,看到家中猪圈未关,害怕自己家猪跑掉,连忙对家人大声斥责。对自己家的猪尚且如此顾惜,对于自己的身家性命,更不肯轻易舍弃了。解缙据说刚开始准备到朱元璋庙里尽忠,但到了半路转念一想,反而迎接燕王去了。只有沉默不语的王艮独自死去。

一默如雷! 所以,孔子多次说"巧言令色鲜矣仁","能说"和"能做"之间,总是存在着不小差距。吴溥能够在一众人中看到人物的结局,可以称得上"人精"了。我们不必苛求他为何不死,生死关头,每个人都有取舍的权利和自由,何况还有"去留肝胆两昆仑"一说呢?

"时穷节乃现,——垂丹青!"现代人常说,无事时埋没许多正人君子,有事时方识得阴谋小人。的确,平时喜欢漂亮话雷人话未必能作数的,有些人默默无言却做出了惊天地泣鬼神的事迹! 一默如雷,就是最好的诠释。

听其言,观其行,重要的是看其内在的欲念。这是内心的挣扎与矛盾的冲突,冲突斗争的结果会决定下一步行动的方向。

同是兵败被俘,文天祥一心求死,功名利禄丝毫不放在心上,对于外在一切无牵无挂,所以可以坦然赴死。明末的名将洪承畴,一开始也表现出决不投降的义气,但皇太极暗中发现,有一粒瓦泥落他身上,洪承畴就急忙拂去,他爱惜衣服尚且如此,何况是自身性命呢? 所以当皇太极把自己的羽衣披在洪承畴身上,洪承畴立即诚诚惶惶感激涕零俯首称臣了。

"慷慨捐躯易,从容就义难!"一个人心中充满了欲望,很难做到毅然决然,威武不能屈的,所以《论语》中孔子评价说:"枨也欲,焉得刚?"(公冶长第五)

"海纳百川,有容乃大;壁立千仞,无欲则刚。"林则徐的这则名言道出了个中真理——公生廉,廉生威,无欲方能无私,无私方能无畏;无畏才能无求;无求才能有所求,而他追求的终极目标就是一个"巍峨的人",换而言之就是孔子的"仁"的境界!

白居易有诗《放言五首》,道出识人之法,也道出识人之难:

> 赠君一法决狐疑,不用钻龟与祝蓍。
> 试玉要烧三日满,辨材须待七年期。
> 周公恐惧流言日,王莽谦恭未篡时。
> 向使当初身便死,一生真伪复谁知?

"试玉要烧三日满,辨才须待七年期。"君子"谦谦如玉",取其圆润。"铮铮如铁",取其傲骨。曾国藩就说过,一个人非得经历大苦痛,彻骨的痛苦后,方才能有彻底的蜕变。君子如玉亦似铁,都必须经过一番考验雕琢锻炼,才能确认其内在品质。虽然有现在"微表情"心理学,但要全面地看一个人,不能仅靠一个眼神,一个表情,一句言语,一件事情,还需要用发展的眼光全面、长远地看待一个人。

现在组织部门用人,认真执行好干部标准,改进完善干部考察的理念思路、程序步骤、方式方法,注重经常性、近距离、有原则地接触干部,全方位、多角度、立体式地考察干部。坚持政治首位考察,走进干部工作圈、生活圈、社交圈,既听其言又观其行。①

三、看情怀,更看担当;重德行,更重卓识

诸葛亮对识人提出了著名的七条标准,后人称为"七观法",主要内容是:"间之以是非而观其志;穷之以辞辩而观其变;咨之以计谋而观其识;告之以祸而观其勇;醉之以酒而观其性;临之以利而观其廉;期之以事而观其信。"②

诸葛亮要求人才志向远大,聪明达变,勇敢守性,诚信廉洁,德才兼备,一直被后世所称道。全面考察固然重要,用人取人所长,避其所短,知人善

---

① 罗智刚:《识人察人抓本质》,载《四川党的建设》2018 年第 18 期,第 17 页。
② 诸葛亮:《诸葛亮集》,时代文艺出版社 1995 年版,第 60 页。

任尤为重要。毕竟,"金无足赤,人无完人",如果不能正确看待一个人,扬长避短,而一味要求"德才兼备",结果可能选拔不出真正的人才。那些奇才、怪才、偏才,可能早早就被过滤掉了。诸葛亮后期"蜀中无大将,廖化做先锋",难道蜀地真的没有人才了吗?其实未必!这大概与诸葛亮过于追求完美的性格与事必躬亲的做事态度不无关系。

当然,诸葛亮的"七观法"大体还是有效的,只需察其一就可,譬如"醉之以酒而观其性",有的地方丈母娘看女婿就用这招,未来女婿上门,就千方百计让其喝酒,酒后失德耍酒疯胡搅蛮缠的男人坚决不要,简单有效。

一个人自身的外现,常常是其内在的表征:

多躁者,必无沉潜之识;
多畏者,必无卓越之见;
多欲者,必无慷慨之节;
多言者,必无笃实之心;
多勇者,必无文学之雅。①

《小窗幽记》中的四句可谓古人的识人之妙观:

大事难事看担当,逆境顺境看襟度;
临喜临怒看涵养,群行群止看识见。②

遇到大事困难之事挺身而出而出,当仁不让,勇挑重担,铁肩担道义,妙手著文章,无疑是一种优秀品质。

"自处超然,处人蔼然;无事澄然,有事渐(斩)然;得意淡然,失意泰然。"经历顺境,也遭遇逆境,都能乐观面对,潇洒自如从容淡定,这是一种情怀。

喜怒不形之于色,"宠辱不惊","举世誉之而不加劝,举世非之而不加沮"。这是一种涵养。

---

① [清]陈继儒:《小窗幽记》,书海出版社2001年版,第36页。
② [清]陈继儒:《小窗幽记》,书海出版社2001年版,第17页。

"三人行必有我师",谁有远见卓识,谁有深刻而长远的洞察力和远见力,谁能对事情有准确的判断,对未来先知先觉把握趋势,这无疑是一位智者。"运筹帷幄之中,决胜千里之外",谋定而后动。

因此,看一个人,看情怀,更看担当;重德行,更重卓识。相比其他一切品质,远见卓识是真正的"稀有品质"。千军易得,一将难求;千士易得,一智难求!历史上,张良之于刘邦,诸葛亮之于刘备,刘伯温之于朱元璋,可以管中窥豹。

自然,德才兼备者少之又少,在关键时候,要扬长避短,充分发挥每个人才的聪明才智,让他们人尽其才人尽其用。就拿大家熟悉的三国故事来说,曹操大体做到了唯才是举、唯才是用;诸葛亮虽然聪明,并未得用人之妙。

认识人才,更要用好人才,用对人才,知人善任,人尽其才。让赵云冲锋陷阵,让王平去守要害,让马谡当好参谋,让魏延自由出击,诸葛亮如果用好这些人,那么《三国演义》故事的结局也许大为不同,至少六出祁山未必无功。

勇于担当,宠辱不惊,镇定自若,远见卓识,无疑都是优秀的品质,能够具备其一就足够了。这四种品质共同的特征就是有心。有心就会担当,有心就会明察,有心能够看破也会看淡。

世上无难事,只怕有心人。

所以古人"看相",提出"有心无相,相由心变;有相无心,相随心转"。

清朝中兴名臣曾国藩对于"识人"也有自己独到秘籍,他有一本书叫《冰鉴》,提出识人的相人口诀:

> 邪正看眼鼻,真假看嘴唇。功名看气概,富贵看精神。
> 主意看指爪,风波看脚筋。若要看条理,全在语言中。[1]

在曾国藩眼里,富贵之相不在前呼后拥颐指气使,不在高楼大厦香车宝马,不在高官显爵顶礼膜拜,而在一个人的姿态,在于心态:

---

[1]　[清]曾国藩:《冰鉴》,中州古籍出版社2001年版,第1页。

　　端庄厚重是贵相,谦卑含容是贵相;

　　心存济物是富相,事有归着是富相。①

　　人心是最好的风水,也是最大的依靠。有一个故事能说明曾国藩识人用人之妙:

　　有三个青年才俊拜访曾国藩,曾国藩并没有立即接见他们,让他们在书房等候,自己则藏身屏风后暗中观察。对青年甲仔细观察书房摆设,青年乙规规矩矩立在书房,目不斜视,青年丙则踱出门外,悠闲散步;过了一个时辰,曾国藩还没有现身,甲乙颇不耐烦,口中略有微词,丙依旧在庭外看云卷云舒。后来,曾国藩现身,青年甲"言谈大有缘",与青年乙、丙好像并不投机,不时有争论。曾国藩认为三人皆可用。甲留下负责接待宾客,乙被安排做军中运粮官,丙则被作为重点人才加以储备。

　　后人不解,曾国藩解释说:"甲善于观察,长与沟通,作为外交使者,合适不过。乙中规中矩,原则性强,负责财务恰逢其人。至于丙,有学问有卓识,在上层威压之下坚持己见,近乎孔子所言,三军可夺帅,匹夫不可夺志也,而且气质高雅,云淡风轻,自然是大将大臣之才。"

　　丙就是晚清名臣刘铭传。故事虽短,却把曾国藩识人、用人之妙凸显得淋漓尽致。对青年甲,曾国藩并没有鄙薄他投机取巧,八面玲珑,善于奉迎;对青年乙,也没有斥责他不知变通,不会灵活运用;对青年丙,更不会说他不识时务,不通人情世故,不给领导面子之类,好像"对你好,关键之时不了了"。

　　知人善任,"善"字很关键。

　　不要期望人人都是全才,重要的是人尽其才;不要期望人尽完人,关键

─────────────

　　① ［清］曾国藩:《冰鉴》,中州古籍出版社 2001 年版,第 1 页。

之时能够担当就好。

对此,古人有个简要的评定:

> 竭忠尽孝谓之人,治国经邦谓之学;
> 安危定变谓之才,经天纬地谓之文;
> 霁月光风谓之度,万物一体谓之仁。[1]

◎ 学思知行

识人之思。政治生活、社会生活处处需要用人,时时需要识人。对于普通人,小到丈母娘挑女婿,女子嫁对情郎,男子找到理想伴侣;大到寻找朋友,寻找生意合伙人,都需要识对人。对于领导干部工作所要,不但要识人,更要选人,推荐人,提拔人,用对人。生活中说的"不看广告看疗效",工作上自然也是不看人好看,人品看实效。否则,小者遇人不淑,大者误国误民。

识人之道。识人需要独到的眼光,更需要验之以事,观之以行,假之以时。不因人废言,不拿旧眼光看人。识人难,用对人更难,生活中找个可以依靠的人共度一生也不容易,所以都需在此下功夫。

看一个人,看情怀,更看担当;重德行,更重卓识。主心骨有远见力,有洞察力,有执行力,不论对一个家庭,还是一个国家,都十分重要。

---

[1]　[清]金缨:《格言联璧》,书海出版社 2001 年版,第 170 页。

第十七问
如何看待贫与富

子贡曰:"贫而无谄,富而无骄,何如?"子曰:"可也。未若贫而乐,富而好礼者也。"子贡曰:"《诗》云,'如切如磋!如琢如磨',其斯之谓与?"子曰:"赐也!始可与言《诗》已矣,告诸往而知来者。"(学而第一)

子曰:"富与贵,是人之所欲也,不以其道得之,不处也;贫与贱,是人之所恶也,不以其道得之,不去也。君子去仁,恶乎成名?君子无终食之间违仁,造次必于是,颠沛必于是。"(里仁第四)

子曰:"富而可求也;虽执鞭之士,吾亦为之。如不可求,从吾所好。"(述而第七)

子曰:"饭疏食,饮水,曲肱而枕之,乐亦在其中矣。不义而富且贵,于我如浮云。"(述而第七)

子曰:"笃信好学,守死善道,危邦不入,乱邦不居。天下有道则见,无道则隐。邦有道,贫且贱焉,耻也;邦无道,富且贵焉,耻也。"(泰伯第八)

子曰:"贫而无怨难,富而无骄易。"(宪问第十四)

司马牛忧曰:"人皆有兄弟,我独亡。"子夏曰:"商闻之矣:'死生有命,富贵在天。君子敬而无失,与人恭而有礼,四海之内,皆兄弟也。'君子何患乎无兄弟也?"(颜渊第十二)

哀公问于有若曰:"年饥,用不足,如之何?"有若对曰:"盍彻乎?"曰:"二,吾犹不足,如之何其彻也?"对曰:"百姓足,君孰与不足?百姓不足,君孰与足?"(颜渊第十二)

子贡曰："如有博施于民而能济众,何如? 可谓仁乎?"子曰:"何事于仁! 必也圣乎! 尧舜其犹病诸! 夫仁者,己欲立而立人,己欲达而达人。能近取譬,可谓仁之方也已。"(雍也第六)

有一天,子贡忽然有所领悟,他思考的问题是如何看待人生的贫与富。他的领悟是"贫而无谄,富而无骄"。一个人身陷贫困之时,对别人(主要是对富人)不巴结,不逢迎,不阿谀奉承,不低三下四;一个人富贵了,不志得意满,不骄纵炫富,更不仗势凌人。能够达到这种境界,应该说很难得了。

子贡带着这些领悟来求教孔子—或者其中不乏炫耀的意思—孔子首先给予肯定:"可也!"然后,把子贡的说法略加"改动",提出自己一个崭新的观点:"贫而乐,富而好礼!"朱光潜在《咬文嚼字》一文中说:"文学借文字表现思想感情,文字上面有含糊,就显得思想还没有透彻,情感还没有凝练。"子贡和孔子的这番"切磋",可谓映照了这等凝练至简的功夫。

一、贫而乐,富而好礼

孔子虽然只是调整了几个字,但二者的感情和境界立即有了云泥之别,也让子贡有了崭新的顿悟,这就是教育之乐。

"贫而乐,富而好礼!"这是孔子对贫富的态度,也是一种清静自守的人生态度。

钱穆先生认为:"贫能无谄,富能不骄,此皆知所自守矣,然犹未忘乎贫富。乐道则忘其贫矣。好礼则安于处善,乐于循理,其心亦忘于己之富矣。故尤可贵。"[1]在钱穆先生看来,乐而忘贫,乐而忘忧,无疑是心有追求的人,他们所思不在于周围的境遇,而在于超远的志向。这种具有大情怀的人,会忘记贫富,忘记差别,恬然自安自乐。颜回处陋巷而不忧,子路衣蔽缊袍与衣狐貉者立而不耻,都是这等境界!

"小富由勤,大富由命!"贫富不是由人能决定的,人们唯一能够保持的是身处贫富时情感态度。富贵可求,"虽执鞭之士,吾亦为之。如不可求,从

---

① 钱穆:《论语新解》,生活·读书·新知三联书店 2005 年版,第 20 页。

吾所好"，"饭疏食饮水，曲肱而枕之，乐亦在其中矣。不义而富且贵，于我如浮云。"（述而第七）

富贵之时，富而无骄，人们容易做到；但富而好礼，则必须是有大情怀的人才能做到。二等人"有本事也有脾气"，有本事有脾气的人大多会成为成功者，也是富贵者，因为有本事有脾气，他们习惯了气势夺人颐指气使，难以"好礼"！只有那些有本事大情怀的人，才能虚怀若谷，平易近人。美国石油大亨洛克菲勒每次回家看到周围的人对他"敬而远之"，就感到很不舒服。问起原因，有人告诉他是因为他每天上下班汽车出入，拒人于千里之外，人们自然对他也冷若冰霜。得知原因后的洛克菲勒上下班不再让汽车进入他的家附近，上下班总是热情地和周围邻居打招呼，很快他发现周围的人渐渐和他寒暄起来。

"富与贵，是人之所欲也，不以其道得之，不处也；贫与贱，是人之所恶也，不以其道得之，不去也。"（里仁第四）

富贵人生是人人向往的，贫贱地位是人人渴望逃避的。但是根据"二八法则"，生活中的大多数人，可能终身无缘于富贵，在这种情形下，你的心态情感价值观，将决定你一生是否幸福，不能因为自己是平凡的大多数，就"戚戚"不安。就像莫泊桑《项链》中的玛蒂尔德，嫁给小职员丈夫后整日郁郁寡欢，结果给自己带来更大不幸。

"贫而无怨难，富而无骄易。"相对于富贵后的"无骄""好礼"，一个人在身处"贫贱"时，能够保持足够的清醒认知和乐观进取的态度，就显得格外珍贵。

得意忘形并不可怕，不过是跌一个跟头，爬起来从头再来；可怕的是"失意忘形"！

生活中的一些人，一旦贫困失意，就自惭形秽、畏葸不前；有的人自消自沉、一蹶不振；有的人自暴自弃、不可救药！还有的人转向拍马逢迎、出卖自己，还有的人铤而走险，走向反社会的道路。因此孔子说："贫而无怨难，富而无骄易。"（宪问第十四）

只有少数的人，身处贫困，能够保持一种淡泊的情怀，超然的态度。就像"不改其乐"的颜回，就像"穷年忧黎元"的杜甫，就像"莫听穿林打叶声"

的苏轼……所以孟子说："无恒产而有恒心者,唯士为能!"

　　幻想多少人都能超然物外笑傲贫困并不可行,政府的责任,就是让百姓尽快脱贫,拥有安居立业的资本,拥有公平向上的区间,拥有无需奔走就能持有的安全感,拥有无需阿谀奉承就能实现自我的社会氛围。

　　《孟子·滕文公上》:"民之为道也,有恒产者有恒心,无恒产者无恒心。苟无恒心,放辟邪侈,无不为己。"一个贫困的社会,各个阶层相互倾轧,相互斗争总是永不停息的。对于现实中国,习近平总书记在十九大报告里指出,新时代我国社会主要矛盾是:人民日益增长的美好生活需要和不平衡不充分的发展之间的矛盾。

　　党的十九大报告指出:"人民美好生活需要日益广泛,不仅对物质文化生活提出了更高要求,而且在民主、法治、公平、正义、安全、环境等方面的要求日益增长。"这一论断深刻揭示了人民美好生活需要的基本内涵。

二、贫穷不值得赞美,富贵切莫不择手段

　　中学生作文,就像歌颂"失败是成功之母一样"去歌颂贫穷,大多引用司马迁《报任安书》中的那段文字来加以佐证:

　　　　盖文王拘而演《周易》;仲尼厄而作《春秋》;屈原放逐,乃赋《离骚》;左丘失明,厥有《国语》;孙子膑脚,《兵法》修列;不韦迁蜀,世传《吕览》;韩非囚秦,《说难》《孤愤》;《诗》三百篇,大抵圣贤发愤之所为作也。此人皆意有所郁结,不得通其道,故述往事、思来者。

　　但司马迁这里所言的"穷"并不是贫穷,主要是不得志,困难失意。就贫穷本身来说,并不值得赞美,而应充满哀痛或者怜悯。对于那些一分钱恨不得掰成两半花的,"贫贱夫妻百事哀"(元稹诗句),还有那些家徒四壁的,"家贫无供给,客位但箕帚"(杜甫诗句),"囊无一钱守,腹做千雷鸣"(吴敬梓诗句),温饱尚且不可知,何能激发他们的创造活力?如何会让他们拥有超然的诗意生活?

能够在贫穷中保持超然情怀的,永远只有少数的人。马克思说,忧心忡忡的穷人,甚至对美好的景色也无动于衷! 一言道出穷人其中的悲辛!

但是,我们遭遇贫困时,也许无从逃避,但必须用一种乐观积极的态度面对,用勤劳的双手慢慢改善,用智慧和创造去改变,用超然的情怀去跨越。在孔子看来,国家政治清明,如果一个人贫穷落后,这也是一种耻辱:"天下有道则见,无道则隐。邦有道,贫且贱焉,耻也;邦无道,富且贵焉,耻也。"(泰伯第八)

但即使这样,每个人生存的本领不一样,性格不一样,也不是每个人都能富贵。"生死有命,富贵在天,此言不可求而必得。"①因此孔子又说:"富而可求也,虽执鞭之士,吾亦为之。如不可求,从吾所好。"(述而第七)

执鞭之士,在周朝时期是贵族士大夫队伍前的导引人,是下等职位,如果富贵可以寻求,即使从事下等的工作,他也愿意去做,努力去做。脸皮厚点没关系,被人嘲讽也没关系,但孔子反对为了追求富贵而不择手段:

> 子曰:"富与贵,是人之所欲也,不以其道得之,不处也;贫与贱,是人之所恶也,不以其道得之,不去也。君子去仁,恶乎成名? 君子无终食之间违仁,造次必于是,颠沛必于是。"(里仁第四)
>
> 君子爱财与富贵,都要"取之有道",如果取之非道,甘愿贫穷而"不去",在孔子看来,"不义而富且贵,于我如浮云"(述而第七)。

但是今日,拥有这种情怀的人大为减少,有人"宁愿坐在宝马车里哭,也不愿坐在自行车后笑!"竟还有女大学生认为《白毛女》中的喜儿应该嫁给黄世仁。当价值观错位的时候,我们不得不警惕人性中某些因子的惰性与惯性!

傅佩荣在《孔子九讲》中引用希腊哲人苏格拉底的看法,提出两点:"第一,是否用正当手段挣到钱。如果是,当然要尊重,因为挣钱需要能力、努

---

① 钱穆:《论语新解》,生活·读书·新知三联书店 2005 年版,第 175 页。

力、聪明加运气,再加上其他外在条件,所以只要赚钱的手段是正当的,就值得我们尊重。第二,观察他赚到钱后对金钱的态度。有一种人是'守财奴',有钱之后,变成金钱的奴隶,这样又怎么获得别人的尊重?另一种是'金钱的主人',利用赚到的钱来行善,取之于社会,用之于社会。苏格拉底认为,手段正当和善用金钱这两点,是我们判断有钱人的重要原则。"①

"死生有命,富贵在天。"(颜渊第十二)这是孔子基本的处世观,也是财富观。傅佩荣认为,关于财富要有三点考虑:第一是财富的"命定性"。命和天是很难掌握的,冥冥之中自有天意。有些人生来命好,口含金汤匙出生,要什么有什么;有些人生来命苦,生下来什么也没有。世间没有人喜欢贫穷,但是生于什么样的家庭并非自己所能选择。第二是财富的"合法性"。如果认定人生的目的是赚钱,很可能会为了这个目的而不择手段。第三是财富的"终结性"。生不带来,死不带去。②

但现实中,人们往往会不管这三个方面,把占有财富当作"终极目的",不但希望自己一世富裕,还希望子孙后代无后顾之忧,这正是孔子忧虑之处,所以,他谆谆告诫世人警惕贪婪,不做金钱的奴隶。

没有人喜欢贫贱。但遭逢贫贱之时,不怨天、不尤人、不责备父母,专心于修德,君子忧道不忧贫,这就是孔子的修为、作为。房龙认为:"孔子对任何人都不仇视。他教导人们保持沉着克制的美德。根据孔子的教诲,一个真正可贵的人,不会让自己被愤怒搅得心身不宁,明白发生的一切事情都会以一种或另一种方式使人受益,从而逆来顺受,接受命运带给他的一切。"③

总之,在对待义利关系问题上,孔子虽然承认个人有追求私利、满足私欲的正当权利,但前提是合乎"义",孔子始终把"义"放在首位,强调"义以为上",即其所谓的从人们内心的评判标准——"仁义"上对财富的获得予以最合理的评判。并且从实践上教化人们多行"仁义",以消除社会的不和谐。从财富评价的道德性和正当性出发,宁可"不仁不富"都不能"不仁而富"

---

①　傅佩荣、郭齐勇、孔祥林:《孔子九讲》,中华书局2008年版,第79页。

②　傅佩荣、郭齐勇、孔祥林:《孔子九讲》,中华书局2008年版,第79页。

③　[美]德里克·威廉·房龙:《人类的故事》,刘睿铭编译,吉林出版集团有限责任公司2014年版,第336页。

"富而不仁"的道德诉求,仍然有其适用性和不可替代的规范作用。这就要求我们不能忽视道德的引导,通过财富获得的道德理解和要求来规范和校正人们对财富的追逐行为,最终使人们达到物质和精神上"仁而富"的最高境界。①

三、从"大同世界"到"共同富裕"再到"人类命运共同体"

哀公问于有若曰:"年饥,用不足,如之何?"有若对曰:"盍彻乎?"曰:"二,吾犹不足,如之何其彻也?"对曰:"百姓足,君孰与不足?百姓不足,君孰与足?"(颜渊第十二)

这段文字虽然是有子的回答,基本代表孔子的贫富思想。中国富民思想的渊源极早,《尚书》中有"裕民""惠民"的观点,《周易·益》有"损上益下,民说无疆",都把重视人民的利益视为富国强兵的基础。孔子提出"足食""富而后教"的论点,把富裕视为实施礼乐教化的先导。他的富民措施主要是"因民之所利而利之"(尧曰第二十),用现在的话就是想群众之所想,急百姓所急,利民众之所利,实行对内搞活对外开放的经济政策,允许人民合法取得财富,同时要求统治者开源节流。他把人民的富足看作是政府获得充足财源的基础,主张民富先于国富,国富建立在民富的基础上。藏富于民,百姓足,国家如何会贫穷?

他希望统治者轻徭减赋,与民休息,所以子贡提出"博施于民而能济众",在孔子看来近乎一种仁的"理想"。子贡曰:"如有博施于民而能济众,何如?可谓仁乎?"子曰:"何事于仁!必也圣乎!尧舜其犹病诸!夫仁者,己欲立而立人,己欲达而达人。能近取譬,可谓仁之方也已。"(雍也第六)

孔子所倡导的不独富贵,而使天下人皆富贵,这种理想的政治就是"大同世界":"大道之行也,天下为公,选贤与能,讲信修睦。故人不独亲其亲,不独子其子,使老有所终,壮有所用,幼有所长,矜寡孤独废疾者皆有所养。男有分,女有归。货,恶其弃于地也,不必藏于己;力,恶其不出于身也,不必为己。是故,谋闭而不兴,盗窃乱贼而不作,故外户而不闭,是谓大同。"(《礼

---

① 王荣荣:《论孔子的贫富观意义》,载《重庆科技学院学报(社会科学版)》2013年第1期,第145页。

记·礼运》)

孔子寄希望的大同世界，能够关注到每个人，让每个人都各得其所、有所依靠，社会分工合理，井井有条，路不拾遗，夜不闭户。但是孔子毕竟不是政治家，他具体的施政时间太短，实践太少，他提出这样的"理想国"，缺少切实可行的落地方案，因而长时间以来存在人们梦想之中，现实中却是"乌有之乡"。

钱穆先生认为，中国古代人，一面并不存着极清楚极显明的民族界线，一面又信有一个昭赫在上的上帝，他关心于整个下界整个人类之大群全体，而不为一部一族所私有。事实上，儒家的大同，从"亲其亲"到"人不独亲其亲，老吾老以及人之老"，大同乃是将家庭共同体的感性生活扩大到整个人类的共同生活层面。从此两点上，我们可以推想出，一种基于普遍的人文关怀的理想的共同体生活，一定包藏着对于人之自由的朴素理解。①

学者晏扩明认为，"大同世界"是一个以众多可相容国家、民族、文化为基础，以实现人类共同利益为目标的朴素概念，中国的儒家思想虽然牢固地集中于对人文关怀以及德性情感方面，却没有将共同体精神的价值与自由的价值这两种价值维度放在一起讨论过，只是在字里行间描述了一种"悠然自得""各尽其用"的共同生活状态。因此，无论是马克思倡导的"真正的共同体"，或孔子倡导"大同世界"也必然应当是一种有血、有肉、有情感的真实的人类世界，而这种共同体形态下的人又是自由的实践完成的个人。因此，无论马克思的共同体目标还是儒家的"大同"理想，都包含着一种对现实的感性个人的情感回归。②

邓小平提出的"先让一部分人富起来"再到"共同富裕"，是一种务实的策略。这种策略通过四十余年的改革开放已经得到检验，现在如何实现"共同富裕"，就是党的十八大开始重要的着力点。

中华民族自古以来就怀揣"大同世界，天下为公"的人类情怀，在实现自身发展的同时，积极同世界其他贫困地区共享脱贫经验，并主动提供人力、

---

① 钱穆：《中国文化史导论》，商务印书馆 1994 年版，第 48 页。

② 晏扩明：《"真正共同体"与"大同世界"之比较——立足于人的类本质的感性回归》，载《温州大学学报（社会科学版）》2019 年第 2 期，第 24 页。

物力、财力支援,帮助其他贫困国家和地区尽快脱贫。习近平总书记在世界多个重要会议上提到,要坚定不移地同世界各国人民加强合作,互利共赢,共同发展,并将之落实到实际行动中,如"南南合作援助基金"、"六个一百"项目、南南合作与发展学院、派遣上万名扶贫人员等,都是援助贫困国家和地区的具体体现。事实表明,习近平新时代扶贫思想充分体现了中华民族愿与世界各国休戚与共、携手世界各国共同发展的理念,由此也构成了共建人类命运共同体的重要组成部分。①

"大同世界","共同富裕","人类命运共同体",这些是国家层面的作为,对于个体来说,虽然我们与外部环境与时代息息相关,但关键还在于个人对于现实机遇的把握,如果人生际遇可遇可求,不但实现位置和角色转变,甚至生活层次提升、家族几代兴旺发达,还应"富而好礼",成功后努力承担一定的社会责任。如果不遇,只是平凡的大多数,不必气馁,依然保持知足常乐的情怀,安步以当车,晚食以当肉,返璞而归真,保持一份超然和淡定,何其幸哉。

◎ 学思知行

学会面对。在青年学子的万千梦想中,做梦成为千万富翁,带着亲人环游世界,已经成为一些青年的人生梦想。这是经济社会的产物,体现着青年学子的无知无畏、张狂自信,也从侧面反映出现实社会的公平、公正环境,让很多学子拥有改变处境、提升生活质量实现内心渴望的机会。这些都无可厚非。但是需要注意的是,现实中,高涨的物价,激烈的竞争会让一些学子时常遭遇各种挫折,而如何在挫折中面对自我、审视自己和这个社会,重新规划,这需要一种修为,加上自身文化的定力。

对于某些奉行"学好数理化,走遍天下都不怕"的学子来说,当你遭遇挫折时,或者面对未来不确定的经济风险时,如何宁静自守,度过一时的危机,也需要一种文化上的定力。

---

① 宁金丹:《习近平新时代扶贫思想的生成、实践和意义》,载《大庆社会科学》2019年第3期,第27页。

　　正视自己。富贵是大多数人的期盼,贫困则是无数人的烦恼。但我们必须深刻认识到一个不争的"事实":对于生活中大多数人来说,我们即使穷尽一切"心术"和"辛勤",最终也很难进入真正的"富贵圈"。"醉过方知酒浓,爱过方知情重",醉过馋过、爱过恨过、牛过熊过,最后才知道,平平淡淡、宠辱不惊才是真人生、真生活,平凡世界,平凡你我,幸甚!

第十八问
如何看待达与穷

子曰:"宁武子,邦有道则知,邦无道则愚。其知可及也,其愚不可及也。"(公冶长第五)

冉有曰:"夫子为卫君乎?"子贡曰:"诺,吾将问之。"入,曰:"伯夷、叔齐何人也?"曰:"古之贤人也。"曰:"怨乎?"曰:"求仁而得仁,又何怨。"出,曰:"夫子不为也。"(述而第七)

子曰:"笃信好学,守死善道。危邦不入,乱邦不居。天下有道则见,无道则隐。邦有道,贫且贱焉,耻也。邦无道,富且贵焉,耻也。"(泰伯第八)

子曰:"三军可夺帅也,匹夫不可夺志也。"(子罕第九)

子曰:"邦有道,危言危行;邦无道,危行言孙。"(宪问第十四)

子曰:"莫我知也夫!"子贡曰:"何为其莫知子也?"子曰:"不怨天,不尤人,下学而上达,知我者其天乎!"(宪问第十四)

"达则兼济天下,穷则独善其身。"这是中国知识分子常说的一句话。这里的"穷"无关物资,主要指精神上而言,主要是仕途上的不得志。

"穷"是大多数人的常态,"达"则是少数人的境遇或者一部分人偶然境遇。面对"穷困"如何不潦倒,依旧奋发图强,做精神上的"达人"?

一、用舍由时,行藏在我

人生事十有八九不容易,"人间正道是沧桑",对于死守善道的君子来说,人生更加艰难,所以,孔子还说"君子固穷"。面对人生的艰险,世事的险

恶,不能拯救天下,就努力做好自己,保护好自己:"笃信好学,守死善道,危邦不入,乱邦不居。"(泰伯第八)

古代君子常常"卜居"。选择一个适宜的环境来安身立命。就像诸葛亮的选择——躬耕南阳,苟全性命于乱世,不求闻达于诸侯。

如果遇到一个政治清明的时代,就应努力作为,实现人生的抱负,追求人生的极致,实现兼济天下建功立业的抱负。这时"达",就是对崇高理想的呼唤和追求。

用舍由时,行藏在我。问题是,时代对于每个人来说都有两面性。正像狄更斯所说的那样,这是最好的时代,也是最坏的时代!

生在乱世,那些杰出的英雄人物,无疑是时代的弄潮儿,他们叱咤沙场,建功立业,转战千里,建立赫赫功业。他们完全可以像隋朝的杨素炫耀那样:"我不求富贵,但让富贵求我!"而对于饱读诗书、手无缚鸡之力的读书人来说,无疑这时是最为颠沛流离的日子,也是最为苦难的时光,风雨如晦,鸡鸣不已,人生困顿,辗转千里,漂泊异乡,孤苦无依就是他们人生的真实写照!

生于和平年代,读书人可以通过学业,扬名于世,他们自然"春风得意马蹄疾,一日看尽长安花"。对于那些翻手为云覆手为雨的人物,他们也可以凭借聪明才智在商场官场呼风唤雨;对于那些一提到读书就头大脑瓜疼的草莽人物,则常常抱怨"英雄无用武之地"!

每个时代都有得意者,都有失意人!孔子也感慨生不逢时,不被重用,发出"凤鸟不至,河不出图,吾已矣夫"的感慨。阮籍更是感慨"时无英雄,使竖子成名!"

时也,势也,命也,运也!命运,是成功人士的自谦,是失败者的借口。

时势造英雄,也会阻碍英雄,所以"英雄"最好的方式是顺势而为,对于青年来说,不信命,不安命,不认命,在最该奋斗的时候搏一搏,也许就会"闯"出一片天地,"打"下一份事业,"创"下一份根基。

当你闯荡半生,依然一无所成的时候,你不妨检视自身的"优缺点",所谓"慈不掌兵,义不掌财"。每个人都有优缺点,"木桶原理,短板效应",个人的性格弱点常常是你的局限性,决定着一生的高度。很可能一事无成,但即使一事无成也没有关系,儒道是良剂良药,总能抚慰你心头的创伤。

傅佩荣认为,孔子的"道"包含着"快乐密码"。"儒家快乐的含义是什么?简言之,儒家思想掌握到人性的真相。一般人往往只看外在的作为与遭遇,人的得意与失意,儒家却能看到人的真实内在。只要真诚,就会由内在引发一股力量,这股力量十分关键。活在世界上就是一种生命力的表现,真诚引发力量,由内而发,让自己去做该做的事。因为是由内而发的,所以快乐也是由内而来的。"①

鲁迅先生说:"真的猛士,敢于直面惨淡的人生,敢于正视淋漓的鲜血。这是怎样的哀痛者和幸福者?"同样闪烁着孔子思想的光辉。

从孔子义利观的辩证法来看,孔子绝不是赞赏人的安于贫困而不图改变现状,而是强调一种穷不失志的精神和人格操守,主要体现的是对道义的维护和追求,以及实现道义的真正的精神富足。现代人们的思想观念往往受到物欲社会的影响,以至于穷而失志,穷人因自我内心的羡慕、嫉妒而生恨的这种不正常的心理。如若义利只能择其一,那么,我们愿意追寻一种"贫而乐""贫而贵"的气节操守。②

二、守死善道,风动影动我自岿然不动

人生很难选择环境,虽然抉择有限,但还是要选择:

> 子曰:"笃信好学,守死善道。危邦不入,乱邦不居。天下有道则见,无道则隐。邦有道,贫且贱焉,耻也。邦无道,富且贵焉,耻也。"(泰伯第八)

钱穆先生释曰:"信,信此道。非笃信则不能好学。学,学此道,非好学亦不能笃信。能笃信,又能好学,然后能守之以至于死,始能善其道。善其道,求所以善明此道,善行此道。"又说:"危国不可入,乱国不可居。不入危

---

① 傅佩荣、郭齐勇、孔祥林:《孔子九讲》,中华书局 2008 年版,第 79 页。

② 王荣荣:《论孔子的贫富观意义》,载《重庆科技学院学报(社会科学版)》2013 年第 1 期,第 145 页。

邦,则不被其乱。不居乱邦,则不及其祸。全身亦以善道。然君子身居其邦,义不可去,有见危而授命者,亦求善其道而已。此皆守死善道。盖守死者,有可以死,可以不死之别。必知不入不居之几,乃能尽守死善道之节。"①

外部环境我们无法选择,无法逃避,即使外面风声鹤唳,刀光剑影,依然能够从容面对,"暮色苍茫看劲松,乱云飞渡仍从容。"毛泽东的这种大情怀正是我们所应大力推崇的。面对风诡云谲的外部环境,一个人能够保持强大的定力和韧性,就像竹子一样:"咬定青山不放松,立根原在破岩中。千磨万击还坚劲,任尔东西南北风。"

有些事情我们根本无法控制,我们只能控制自己,很多人连自己也无法控制。控制自己,做好自己,无论在怎样的环境中都发一分光散一分热,找到自己的人生位置,实现人生价值。一如刘勰在《文心雕龙》中所言:穷则独善以垂文,达则奉时以骋绩。

生命需要一个出口,来寻找生命的价值,展示自身的光亮,古人提出"三不朽":"太上有立德,其次有立功,其次有立言,虽久不废,此之谓不朽。"(《左传·襄公二十四年》)唐代学者孔颖达对"三立"作了精辟的阐述:"立德,谓创制垂法,博施济众;立功,谓拯厄除难,功济于时;立言,谓言得其要,理足可传。"简单的三句话,三十三个字,把人生标准精确到极致。"三立""三不朽",已成为中国古今许多人的人生目标和理想。

孔子生在周代丧乱之后,他固守着传统的天命说,他把自己视为"天之木铎",用自己的方式散着一分热,发这一分光,烛照这世人。

子曰:"莫我知也夫!"子贡曰:"何为其莫知子也?"子曰:"不怨天,不尤人,下学而上达,知我者其天乎!"(宪问第十四)

钱穆先生释曰:"孔子道不行于世而不怨天,知天命有穷通。人不己知而不非人,知人事有厄,亦皆由天命。""下学,学于通人事。上达,达于知天命。于下学中求知人道,又知人道之原本于天。由此上达,而知道之由于天

①　钱穆:《论语新解》,生活·读书·新知三联书店2005年版,第211页。

命,又知道之穷通之莫非由于天命,于是而明及天人之际,一以贯之。天人之际,即此上下之间。天命我以行道,又命我以道之穷,是皆天。”“一部《论语》,皆言下学。能下学,自能上达。无怨无尤,亦下学,然即已是上达之征。孔子反己自修,循序渐进,以致其知。知愈深而怨尤自去,循至于无人能知惟天独知之一境……故下学实自忠信始。不忠不信以为学,终无逃于为小人之下达。至于舍下学而求上达,昧人事而亿天命,亦非孔门之学。”①

日本学者子安宣邦认为,“生死”和“富贵”均为人事,均为人必须面对的事情。通常人们认为:“生死”的特点是人为无法控制的天之指令(命令),或者说是上天所定的命运,而与之相对的“富贵”则是人为的结果。但孔子却将“富贵”与“生死”一同视为天赐的终极之物。孔子心目中的“天”,拥有的是一种超越者的性格或性情,即当人们面对它时,其人生态度会受到影响而发生改变。②

李泽厚先生对孔子提出的天命论有过进一步的阐释:“天命”“命”“立命”,孔、孟屡屡言及,如何解说,恐非易事。其中有多种含义。“莫之致而至者,命也”,非人力所能主宰。但王船山说:“俗谚有云,一饮一啄莫非前定,凡举琐屑固然之事而皆言命,且以未死之生,未富贵之贫贱统付之命,必尽废人为而以人之可致者为莫之致,不亦舛乎?故士之贫贱,天无所夺;人之不死,国之不亡,天无所予,乃当致人力之地,不可归之于天。”(《读四书大全说》)这种“立命”“知命”“正命”都指人对自己命运的决定权和主宰性,而绝非听命、任命、宿命,这也才是“知命”。从而,“知天命”“畏天命”便不解释为外在的律令或者主宰,而可理解为谨慎敬畏地承担一切外在的律令或主宰,谨慎敬畏地承担起一切外在的偶然,“不怨天不尤人”。在经历各种艰难险阻的生活行程中,建立起自己不失其主宰的必然;亦即认同一己的有限,却以此有限来抗阻,来承担,来建立。这也就是“立命”在“正命”和“知天命”。③

---

① 钱穆:《论语新解》,生活·读书·新知三联书店2005年版,第382、383页。
② 〔日〕子安宣邦:《孔子的学问——日本人如何读〈论语〉》,吴燕译,生活·读书·新知三联书店2017年版,第85、86页。
③ 李泽厚:《论语今读》,安徽文艺出版社1998年版。

三、时也命也：行到水穷处，坐看云起时

"达"和"穷"是现实的际遇，也是一种心境。

《论语》中有这样一个细节："色斯举矣，翔而后集。曰：'山梁雌雉，时哉时哉！'子路共之，三嗅而作。"（乡党第十）

孔子周游路上遇到一只雌雉（母野鸡）看见陌生人后，先是飞起，然后再徘徊落在不远的山梁之上，不禁感慨他们恰逢其时又懂得适可而止，他们保持着对人的警醒，但又不会完全远离人类。最逗的是子路，他听了老师的话居然像见到君子一样拱手作揖手招呼，雌雉不明所以，只能冲他警惕地点点头。

作为知识分子，要保持"独立之精神和自由之思想"，不妨也学学雌雉，这其实也包含一种"行藏"。

历史上，许多文人会感慨自己的不遇，其中最有名的莫过于屈原和贾谊。屈原借助《渔父》一文表明心志：

> 屈原既放，游于江潭，行吟泽畔，颜色憔悴，形容枯槁。渔父见而问之曰："子非三闾大夫与？何故至于斯？"屈原曰："举世皆浊我独清，众人皆醉我独醒，是以见放。"
>
> 渔父曰："圣人不凝滞于物，而能与世推移。世人皆浊，何不淈其泥而扬其波？众人皆醉，何不哺其糟而歠其醨？何故深思高举，自令放为？"
>
> 屈原曰："吾闻之，新沐者必弹冠，新浴者必振衣；安能以身之察察，受物之汶汶者乎？宁赴湘流，葬于江鱼之腹中。安能以皓皓之白，而蒙世俗之尘埃乎？"
>
> 渔父莞尔而笑，鼓枻而去。乃歌曰："沧浪之水清兮，可以濯吾缨；沧浪之水浊兮，可以濯吾足。"遂去，不复与言。

面对不遇，是改变自己，与世推移，随波逐流，还是深思高举，特立独行，保持一份清醒，不同的人有不同的选择。不论做何选择，只要不改初心，不失本心，都是一种"去留肝胆两昆仑"的高风亮节。

无论得意，还是失意，都能不失本心，不忘初心，本着一份"求仁而得仁又何怨"的心态，人生就可以无悔无怨！

"行到水穷处，坐看云起时。"王维的这句诗可谓得人生之妙境。

有心避祸，不若无心以任远。当我们的人生感到"山穷水尽"之时，不必焦灼，不必忧伤，不妨静下心来静静等待，如果再有心，不妨细细欣赏，云卷云舒，花开花落，"行所无事，一片化机"（沈德潜语），自然有"峰回路转"那一时刻。

历史上有名的"不倒翁"冯道，有人从"忠臣不事二主"的角度不齿他的行为，但他其实比许多所谓的"忠臣""清官"都更做了许多有意义的事情，不论朝代怎么更迭，他都通过逢迎皇帝，然后力尽所能给百姓争取一些喘息的空间。他有一首诗名为《天道》，名言天道，实际还是人道，诗曰：

> 穷达皆由命，何劳发叹声。
> 但知行好事，莫要问前程。
> 冬去冰须泮，春来草自生。
> 请君观此理，天道甚分明。

"但知行好事，莫要问前程"，就是孔子倡导的"当仁不让"精神。冯道（882—954），字可道，号长乐老，瀛洲景城（今河北沧州西北）人，五代宰相。冯道早年曾效力于燕王刘守光，历仕后唐、后晋、后汉、后周四朝，先后效力于后唐庄宗、后唐明宗、后唐闵帝、后唐末帝、后晋高祖、后晋出帝、后汉高祖、后汉隐帝、后周太祖、后周世宗十位皇帝，其间还向辽太宗称臣，始终居于将相、三公、三师之位。后世史学家出于忠君观念，对他非常不齿，欧阳修骂他"不知廉耻"，司马光更斥其为"奸臣之尤"。但他事亲济民、提携贤良，在五代时期却有"当世之士无贤愚，皆仰道为元老，而喜为之偁誉"的声望。他还有一首诗《偶成》，可谓其一生写照：

> 莫为危时便怆神，前程往往有期因。
> 终闻海岳归明主，未省乾坤陷吉人。

道德几时曾去世,舟车何处不通津。

但教方寸无诸恶,狼虎丛中也立身。

"但教方寸无诸恶,狼虎丛中也立身。"意思说,只要立身正直,即使生活在乱世也能安身立命。这句话就是对孔子"言忠信,行笃敬,虽蛮貊之邦,行矣"(卫灵公第十五)的继承和发展。

人生有穷通,我们很难选择自己的外部环境,只能努力做好自己。如苏轼的一生,经历大起大落,有少年得志时风华正茂"似二陆初来俱少",也有得意之时"锦帽貂裘,千骑卷平冈",更有经历乌台诗案时候,饱受"穷"的困扰与折磨,凡此种种,由浓而淡,才逐渐看淡、看破,抵达"一蓑烟雨任平生"之人生境界!

谋事在人,成事在天。一个人的"穷"与"达"许多时候不是自己能左右,时常与领导个人的好恶不无联系,领导的好恶或者政治风气也是一种外部环境,不过是人为因素。汉武帝时,有一个"白首为郎"颜泗的故事:

一日,汉武帝辇过郎署,见颜泗龙眉皓发。问道:"叟何时为郎,何其老也?"颜泗答道:"臣文帝时为郎,文帝好文,而臣好武;至景帝老,而臣尚少;今陛下好少,而臣已老,是以三世不遇。"上感其言,擢拜会稽都尉。(《汉武故事》)

有人附会颜泗是颜回后人,难以考证。总之白发苍苍还是一名宫中侍从。汉武帝询问为什么,他回答说,汉文时欣赏文臣而他是武将,不遇;汉景帝是喜欢年老厚重的人,而他当时年轻,不遇;汉武帝稀罕年轻有为的人,譬如卫青霍去病,因此他依旧不遇。

陶渊明一生的沉浮,晚年的时候写出了他一生的不少心得、总结,现在不少人依然将其用作座右铭:

纵浪大化中,不喜亦不惧。

应尽便须尽,无复独多虑。

生于尘埃,努力从尘埃微处开出花朵,然后一切又回归自然,也是完美的极致所在。

◎ 学思知行

选择面对。人生事,不如意者十有八九,可与人言无二三。人生注定孤独,注定十有八九不如意。根据"二八原则",百分之八十的人注定是平凡的大多数。青年人应认识到外部环境的复杂性,也要认识到自身的局限性,适时学会面对一切可能的结果。结果如愿固然可喜,若结果不达预期,也要乐观、顺达,达观、知命,保持一种乐观达变的情怀,过自己的生活。人生的达观,不囿于物,不困于形,简直、简约即为人生之大美。固然,人的不同程度正确的欲望是支持每个人发奋图强的动力,但是如果欲望过高,没有节制的,甚至非法行为的,必会迷失自我,身心俱疲就会本末倒置,不得其所了。若目标过高,是无法实现的欲望,人生旅途愉快之路填满了数不清的名利熙攘,迷失方向,迷茫情绪,尽处是喧嚣,繁华落尽必是悲凉。生活,一日三餐,一年 365 天,春夏秋冬四季轮回路,生也简单,活也自在。达观面对尤其难得。

学会达观。穷则独善其身,达则兼济天下。不必期期然追求一个必然的结果,学学苏轼《赤壁赋》,借助主客问答,用另一个视角烛照世界,也许你就会有不一样的觉解。

子在川上曰:"逝者如斯夫,不舍昼夜!"

庄子说:"无誉无毁,一龙一蛇,与时俱化,而不肯专为!"

苏轼说:"用舍由时,行藏在我,袖手何妨闲处看!"

丘吉尔说:"酒吧关门时,我便离去!"

今人流行说:"世界那么大,我要去看看!"

第十九问
如何言与行

子曰:"君子食无求饱,居无求安,敏于事而慎于言,就有道而正焉,可谓好学也已。"(学而第一)

子贡问君子。子曰:"先行其言而后从之。"(为政第二)

子曰:"古者言之不出,耻躬之不逮也。"(里仁第四)

子曰:"君子欲讷于言而敏于行。"(里仁第四)

季文子三思而后行。子闻之,曰:"再,斯可矣。"(公冶长第五)

子曰:"巧言令色足恭,左丘明耻之,丘亦耻之。匿怨而友其人,左丘明耻之,丘亦耻之。"(公冶长第五)

曾子有疾,召门弟子曰:"启予足!启予手!《诗》云:'战战兢兢,如临深渊,如履薄冰。'而今而后,吾知免夫!小子!"(泰伯第八)

子曰:"夫人不言,言必有中。"(先进第十一)

子路问:"闻斯行诸?"子曰:"有父兄在,如之何其闻斯行之?"冉有问:"闻斯行诸?"子曰:"闻斯行之。"公西华曰:"由也问闻斯行诸,子曰,'有父兄在';求也问闻斯行诸,子曰,'闻斯行之'。赤也惑,敢问。"子曰:"求也退,故进之;由也兼人,故退之。"(先进第十一)

定公问:"一言而可以兴邦,有诸?"孔子对曰:"言不可以若是其几也。人之言曰:'为君难,为臣不易。'如知为君之难也,不几乎一言而兴邦乎?"曰:"一言而丧邦,有诸?"孔子对曰:"言不可以若是其几也。人之言曰:'予无乐乎为君,唯其言而莫予违也。'如其善而莫之违也,不亦善乎?如不善而莫之违也,不几乎一言而丧邦乎?"(子路第十三)

子贡问曰:"何如斯可谓之士矣?"子曰:"行已有耻,使于四方,不辱君命,可谓士矣。"曰:"敢问其次。"曰:"宗族称孝焉,乡党称弟焉。"曰:"敢问其次。"曰:"言必信,行必果,硁硁然小人哉! 抑亦可以为次矣。"曰:"今之从政者何如?"子曰:"噫! 斗筲之人,何足算也?"(子路第十三)

子曰:"可与言而不与之言,失人;不可与言而与言,失言。知者不失人,亦不失言。"(卫灵公第十五)

子张问行,子曰:"言忠信,行笃敬,虽蛮貊之邦,行矣。言不忠信,行不笃敬,虽州里,行乎哉? 立则见其参于前也,在舆则见其倚于衡也,夫然后行。"子张书诸绅。(卫灵公第十五)

说一千,道一万,不如甩开膀子加油干。

清华大学格言:"行胜于言!"

习近平总书记说:"撸起袖子加油干!"

《周易·系辞上》:"言行,君子之枢机。"

真正的君子,从来是少说空话,多做实事!

一、一言兴邦,慎言慎行,正言正行

空谈误国,实干兴邦,这是中国近千年总结出的历史规律。正如鲁迅先生的那句名言:"我们从古以来,就有埋头苦干的人,有拼命硬干的人,有为民请命的人,有舍身求法的人,……虽是等于为帝王将相作家谱的所谓'正史',也往往掩不住他们的光耀,这就是中国的脊梁。"

这些中国的脊梁,体现出的就是实干务实精神。

"巧言令色鲜矣仁。"(学而第一)漂亮话说了一箩筐,真正的实事没干一件,中国有许多人物,靠着三寸不烂之舌游说王侯将相,谋图富贵。孔子深耻这种行为,在孔子看来,宁肯言语木讷,也决不花言巧语;宁可先做再说,也不要说了不做。如果说了,就要努力践行诺言:"言必信,行必果。"(子路第十三)虽然孔子认为只是"小人"作为,但大体上还是认同这种行为本身的。

孔子少言,慎言,"夫人不言,言必有中"(先进第十一),主要基于践诺的不易。言论的花儿开得越大，行动的果儿结得越小。实现承诺不是一件容易的事情，所以，君子要慎言慎行："古者言之不出，耻躬之不逮也。"（里仁第四）网络上有一篇短文《说话的温度》，文章不长，道出个中三昧，不知作者为谁，这里摘抄如下：

> 急事，慢慢地说；大事，清楚地说；小事，幽默地说；没把握的事，谨慎地说；没发生的事，不要胡说；做不到的事，别乱说；伤害人的事，不能说；讨厌的事，对事不对人地说；开心的事，看场合说；伤心的事，不要见人就说；别人的事，小心地说；自己的事，听听自己的心怎么说；现在的事，做了再说；未来的事，未来再说；如果，对我有不满意的地方，请一定要对我说！

何况"何况一言可以兴邦"，抑或"一言可以丧邦"，古人有这样一副对联，表现出言行的重要性：

> 一言可以兴邦，念为臣之不易；
> 三宿而后出昼，勉为王而留行。

意思说，大臣一句话（一个策略）可以振兴国家，也可以毁灭一个国家，大臣要谨慎提出，"夫人不言，言必有中"（先进第十一），有的放矢，为国君提供正确决策参考，这才是臣子应有作为。作为国君，一言九鼎，更要慎言慎行。洪迈在《容斋随笔·卷十四》中说："士大夫论利害，固当先陈其所以利之实，然于利之中而有小害存焉，亦当科别其故，使人主择而处之，乃合毋隐勿欺之谊。"

作为君王，应该时刻留意自己的行为，防微杜渐。在上者应居是心，正心诚意乃治国平天下之根本。

《说文解字》中说："言，直言曰言，论难曰语"，"行，人之步趋也。"言行合一，就是从心灵认知到身体力行的一个动态过程，从心理认知上，意在言先，言在行先。但孔子认为"君子欲讷于言而敏于行"（里仁第四），"先行其言而后从之。"（为政第二）。

行先于言，就是做了再说，或者做了也不一定说。这种作为，主要基于"当仁不让"的精神，遇到正确的事情就大胆去做，论是非，不论祸福，就是古人的行动准则。但是行动不是单刀突破，还是需要合伙人和团队的，但对不同的人有着不同的言语要求，因此孔子进一步提出："可与言而不与之言，失人；不可与言而与言，失言。知者不失人，亦不失言。"（卫灵公第十五）

钱穆先生认为："本章有两义，一是君子之贵于言，言贵而后道重。轻言，则道亦随之而轻矣。又一说，君子贵识人，不识人，则将失言，然亦有恐于失言而遂至失人者。人才难遇，当面失之，岂不可惜。"①

这里自然关涉到识人，用人等各种奥妙，须仔细斟酌体悟。如果不察，因"失言""失人"而国破家亡者，历史上亦多矣！用司马迁的话"亡国破家相随属"，大多源自国君"所谓忠者不忠，所谓贤者不贤！"

慎言、慎行，不是提倡圆滑处世，而是简洁有力，一语中的！不是深藏不露，而是拿准问题直面现实找出解决问题之道。"逢人只说三分话，未可全抛一片心。"这种格言只是乱世的格言信条；和平时代，面对社会中的一些"怪现状"，我们不妨学做"出头鸟"：大声疾呼，振聋发聩，唤醒人们！如果人人畏葸不前，噤若寒蝉，面对错误行径不敢发声，不敢斗争，显然违背孔子的真意！

因此，与其慎言、慎行，不如正言、正行！

二、胆大心细，二思即可，行胜于言

"三思而后行"，这是中国人很熟悉的一句话，但许多人不知道这句话还有下一部分，而且是最重要的一部分——子闻之，曰："再，斯可矣。"（公冶长第五）

钱穆先生解释说："季文子之为人，于祸福利害，计较过细，故其生平行事，美恶不相掩"，"事有贵于刚决，多思转多私，无足称。"②

三思过后，正义往往不行，行的，往往是私利。这是人性使然，趋利避

---

① 钱穆：《论语新解》，生活·读书·新知三联书店2005年版，第402页。
② 钱穆：《论语新解》，生活·读书·新知三联书店2005年版，第129页。

害,考虑过多,反而无益。因此,孔子对季文子的这种"三思而后行"行为是反对的。但中国许多读书人却断章取义,把"三思而后行"当做圭臬。进而衍生出"小心驶得万年船",有许多事情,譬如一些亲人想要做生意,再三再四斟酌的结果,还是以做生意风险太大,最后决定放弃不做,跟着别人打工,做无本的买卖最安心。这就是中国人的行事法则,安全保险为上,不喜欢冒险,也不敢冒险。他们不但自己不敢做,还反对其他人去做,他们的中肯建议无非是"万一如何如何"……

殊不知卡耐基还说过另外一句话:"稳妥之船未必开得很远!"

所以,年轻人遇到好的项目想要创业,向别人征询意见时候,不要寄希望让许多人支持你,十人中有一二人支持,也就足够了。中国人是习惯保守的,幻想很多人支持,并不现实。如果大多数熟悉的人都支持你这样做,反而你要考虑放弃,毕竟取胜之道是人弃我取,人人都认为这事可行的时候,反而正是风险危机之时。古语云:"事到万难须放胆,宜于两可莫粗心。"

富贵险中求,胆大心细就是本事。所以生活中不少成功者常常是不安于现状,勇于尝试,敢于放手一搏的人,他们看到机会,就会抓住机会。生活中有许多读书人,即使读得再好,却常常缺少行事"勇气",他们选择最牢靠的方式,就是给某人当下手,当好参谋!

如果你是畏首畏尾的人,就努力选择一个好老板,当一名好员工,听命行事。如果你渴望独当一面,除了责任心,还要有一份勇敢作为之心。果断敢作敢为,无疑是一种难能可贵的品质!

当然,"行"不是盲从,而是深刻地洞察,远见力的思考,正确的抉择。方向比速度更重要,如果走错了方向,不但欲速则不达,甚至南辕北辙。

当下信息化浪潮不断涌来,人裹胁其中,陷入信息的旋涡之中,逐渐被"同质化、异己化、平庸化"(余秋雨语),余秋雨认为,人类在本性上有一种很不自信的"大雁心理"。怕脱群,怕掉队,怕看不到同类的翅膀,怕一旦独自栖息后不知道明天飞翔的方向。因此,他们不能不天天追赶。时间一长,对追赶这件事产生了依赖,对于追赶之外的一切,已经不再思考。①

---

① 余秋雨:《泥步修行》,长江文艺出版社2017年版,第57页。

鲁迅先生对中国的人性揭示最为深刻,最入木三分。他在《略论中国人的脸》一文有过形象的描述:

日本的长谷川如是闲是善于做讽刺文字的。去年我见过他的一本随笔集,叫作《猫·狗·人》;其中有一篇就说到中国人的脸。大意是初见中国人,即令人感到较之日本人或西洋人,脸上总欠缺着一点什么。久而久之,看惯了,便觉得这样已经尽够,并不缺少东西;倒是看得西洋人之流的脸上,多余着一点什么。这多余着的东西,他就给它一个不大高妙的名目:兽性。中国人的脸上没有这个……野牛成为家牛,野猪成为猪,狼成为狗,野性是消失了,但只足使牧人喜欢,于本身并无好处。人不过是人,不再夹杂着别的东西,当然再好没有了。倘不得已,我以为还不如带些兽性。

鲁迅说中国人脸上不如带些"兽性",其实是激励中国人带一些"血性",鼓励更多的人做"真的猛士",敢于直面,勇于奋然前行!

现实中,也有不少"怪现状":很多想要干事的人,说着"讨人嫌"的话,干着"得罪人"的事,却遭受着不干事的人"明枪暗箭"式的阻挠。有的人喜欢坐而论道,说空话、假话、套话、大话、官话、雷人话,有了问题绕道走,干事的人出了事,说空话的人立即跳出来横加指责,上纲上线,现实中甚至还出现了"逆淘汰"现象,……凡此种种,都值得深思警惕!

说一千道一万,不如甩开膀子干。空谈误国,实干兴邦;不忧不惧,勇敢前行。习近平总书记在参观《复兴之路》展览时曾讲,中华民族的昨天,可以说是"雄关漫道真如铁",中华民族的今天,正可谓"人间正道是沧桑",中华民族的明天,可以说是"长风破浪会有时"。

"空谈误国,实干兴邦",不仅是一种富有效力的政治语境,而且是一条关联改革历程的内在纽带,关乎民族发展国家未来的精神脊梁!

三、明耻辱,言有物,行有格

《周易·家人》中说:"君子以言有物,而行有恒。"

《礼记·杂记下》中说："有其言,无其行,君子耻之。"

古人说话不遮遮掩掩,更不会信口开河,讲究有的放矢具体而充实,而行动则保持言行一致,保持长久的定性和惯性,孔子称"行己有耻,使于四方,不辱君命,可谓士矣"(子路第十三)。

认识是行为的先导,而"耻"就是中国文化的正觉。"行己有耻"就是一个人行事,如果感到可耻,就不会去做。通过政令引导,孔子认为:

"道之以政,齐之以刑,民免而无耻,道之以德,齐之以礼,有耻且格。"(为政第二)

钱穆先生释曰:"在上者以德化下,又能以礼齐之,在下者自知耻所不及,而与上同至其所。格又有正义,如今言格式,规格。在下者耻所不及,必求达在上者所定之标准。"①

《礼记》中对这番话做了进一步的解释:

> 子曰:"言有物而行有格也,是以生则不可夺志,死则不可夺名。故君子多闻,质而守之;多志,质而亲之;精知,略而行之。《君陈》曰:'出入自尔师虞,庶言同。'《诗》云:'淑人君子,其仪一也。'"(《礼记·缁衣》)

学者俞志慧认为,"有格"并不是"纠正"的意思,而是"有恒"的意思。"有格"即是有恒,一音之转,所不同者,"言有物而行有格(恒)"是针对君子而言的,"有耻且格"、"民有格心"是针对民众而言的,但后者的前提是在位之君子要能"道之以德,齐之以礼",有了这个前提才可能有后面的结果,所谓"上好礼,则民易使也"(宪问第十四),"上好礼,则民莫敢不敬;上好义,则民莫敢不服;上好信,则民莫敢不用情"(子路第十三)。郭店简《性自命出》和上博简《性情论》都有这样一段话:"未言而信,有美情者也;未教而民恒,性善者也。"在这里,民能守信而有恒,是教化的目的。只有那些天性良

---

① 钱穆:《论语新解》,生活·读书·新知三联书店2005年版,第26页。

善者才能未教而恒，一般的公众自然需要"道之以德，齐之以礼"。①

不论是"正其义"，还是"行之有恒"，古代君子都是以修身兼济天下为崇高目标，"不谋其利"，是基本素养，也是基本行为准则。他们把表里如一，言行一致，视为君子的风范，把修身作为一生的事业，更是"君子疾没世而名不称焉"。（卫灵公第十五）

曾子有疾，召门弟子曰："启予足！启予手！《诗》云：'战战兢兢，如临深渊，如履薄冰。'而今而后，吾知免夫！小子！"（泰伯第八）

有人认为，君子之道就是"知耻之道"。君子有耻辱感，小人则无。孟子更是把羞耻之心作为人之"四端"中最重要的一极：

由是观之，无恻隐之心，非人也；无羞恶之心，非人也；无辞让之心，非人也；无是非之心，非人也。恻隐之心，仁之端也；羞恶之心，义之端也；辞让之心，礼之端也；是非之心，智之端也。人之有是四端也，犹其有四体也。有是四端而自谓不能者，自贼者也；谓其君不能者，贼其君者也。凡有四端于我者，知皆扩而充之矣。若火之始然，泉之始达。苟能充之，足以保四海；苟不充之，不足以事父母。（《孟子·公孙丑上》）

羞耻感来自内心的自觉，是对自己行为进行的"道义底线"的反省和警惕，对完善自己的人格极有意义，"知耻近乎勇"，勇敢面对自己的耻辱，才能砥砺自己的人格。余秋雨认为："知耻，是放弃掩盖，放弃麻木，虽还未改，已靠近勇敢。"②

日本学者子安宣邦认为："19世纪初，黑格尔在《历史哲学讲义》中谈论世界史时，阐明了东西方的比较文明人类论，即欧洲基督教世界更重视人的内部性，亚洲，尤其是中国人则更重视人的外部。这一内在的人性观和外部的人性观之间的对比，基本上限定了此后欧美比较文明论或比较文化观的理论走向。我们最熟悉的例子，也是最近的例子，就是露丝·本尼迪克特的《菊与刀》，将欧洲文明指向人性内在的'罪之文化'与日本指向人性表面的

---

① 俞志慧：《释"行有格"、"有耻且格"的"格"》，载《苏州大学学报（哲学社会科学版）》2004年第4期，第57页。

② 余秋雨：《君子之道》，北京联合出版社2014年版，第45页。

'耻感文化'二者对置。"①

其实,中国人虽然讲究"面子",但面子背后还是一种深刻的荣辱意识。这种意识还是内在的自律要求。学者王丽、丁海波认为,孔子从个体的人出发,强调人的自我意识,在此基础上,达到对个体意识的启蒙与引导,知耻而后勇。孔子反对以外力的约束或要求达到天下和顺的境界,这种外力可以体现为社会规范,也可以是法律乃至严苛的刑罚。他强调人的自觉性与自发性,亦即以人为本——从人内在的主体意识出发,唤醒每个人内心的良知,激发人的主观能动性。孔子重视个体的人,使人"知耻",则人可以自我约束、自我教育,远离"耻"的言行。这里,人是具有主体性的人,不是在法律、社会规范等的要求或束缚下被动的人。孔子高度肯定了"人",肯定了人自身在品格塑造与培养上的主体地位。②

现如今,"真心"逐渐变成一种稀有品。许多人把培养一张利嘴作为行走世界的重要技能,八面玲珑成为重要技能。"言值"相当于另一种"颜值",见惯了伶牙俐齿、巧舌如簧,听惯了恭维奉承、拍马逢迎,看惯了长袖善舞、偷奸耍滑,习惯了虚与委蛇、阳奉阴违,余秋雨说中国有一个怪现象:运用大智慧救苦救难的,谁也不认;摆弄小聪明争执不休的,人人皆知。③

漂亮的话多了,真心人就少了;雷人的话多了,守信人就少了;言而无信的人多了,踏实肯干的人就少了;道貌岸然的人多了,低调朴实的人就少了。在这个世界上,碰到那些笨言拙舌、踏实肯干的人,遇见了就多多珍惜吧。

四、器局决定格局,言语暗示人生

你嘴上说的人生,就是你的人生。你有什么样的言语,就有什么样的心胸;有什么样的心胸,就会成就不同的人生。"大鹏一日同风起,扶摇直上九万里",这是李白的胸怀,真个绣口一吐,就是半个盛唐;"问君能有几多愁,恰似一江春水向东流",这是李煜的惆怅,低眉回首,哀怨惆怅,丢掉三千里

---

① ［日］子安宣邦:《孔子的学问——日本人如何读〈论语〉》,吴燕译,生活·读书·新知三联书店2017年版,第162页。

② 王丽、丁海波:《孔子论"耻"的内涵及其当代审美价值》,载《社会科学战线》2012年第11期,第247—249页。

③ 余秋雨:《中国文脉》,长江文艺出版社2012年版,第139页。

山河。

历史上还有这样一段故事：

明太祖朱元璋有次让孙子朱允炆（后来的建文帝）咏月，建文帝诗的尾联是："虽然隐落江湖里，也有清光照九州。"有些落寞的气息，朱元璋很不喜欢，认为不具有帝王之气，又命建文帝属对。朱元璋给出的上联是"风吹马尾千条线"，建文帝对的下联是"雨打羊毛一片膻"。朱元璋闻听，颜色立刻大变。恰好当时燕王朱棣（后来的明成祖）也在旁边侍座，对曰："日照龙鳞万点金。"朱元璋闻听，拍案叫绝。建文帝的句子虽然对仗工整，但流露出孱弱的气息，面对风吹雨打，一副低眉顺眼任人宰割的无奈；而成祖的对句则气象恢宏，一种风云际会飞龙在天任我邀游的气势。朱元璋见此情景，竟然心生不愿再立朱允炆为继承人的心意，无奈群臣用所谓的"名"极力谏诤，最后还是立了建文帝。朱元璋死后，建文帝和成祖龙战于野，结果建文帝败北，据传说他逃出宫后出家当了和尚。"虽然隐落江湖里，也有清光照九州"，这两句竟是成了他的谶语。成祖朱棣自然功德圆满，成为永乐大帝。

朱元璋虽然是小和尚出身，但他的诗非同小可，比如，他的绝句《咏竹》："雪压枝头低，虽低不着泥。一朝红日出，依旧与天齐。"寥寥数语，托竹言志，表现出虽遭暂时的压制、压抑，但决不自我消沉，零落成尘的不屈斗志。

王国维《人间词话》说："词以境界为上。有境界则自成高格，自有名句。"[1]境界虽无优劣，终有大小之别。唐太宗李世民一代雄杰，其诗雄豪奔放，气势宏大，如："疾风知劲草，板荡识诚臣。勇夫安识义，智者必怀仁"（《赋萧瑀》）；"萧条起关塞，摇颺下蓬瀛。拂林花乱彩，响谷鸟分声。披云罗影散，泛水织文生。劳歌大风曲，威加四海清"（《咏风》）。唐玄宗李隆基相比之下，就逊色许多，《唐诗三百首》收录其《经邹鲁祭孔子而叹之》一诗："夫子何为者，栖栖一代中。地犹鄹氏邑，宅即鲁王宫。叹凤嗟身否，伤麟怨道穷。今看两楹奠，当与梦时同。"诗里没有写孔夫子的皇皇功绩，而是哀叹孔子一生的坎坷栖惶不遇，虽然处处贴切，句句用典，整齐有序，但终究视野窄了点儿，格局小了点儿，言语哀婉了点儿。

---

① 王振铎：《〈人间词话〉与〈人间词〉》，河南人民出版社1995年版，第3页。

"愿乘长风,破万里浪!"这是南朝宋代少年宗悫的抱负。"为中华崛起而读书!"这是南开少年周恩来的情怀。一代伟人毛泽东写下"孩儿立志出乡关,学不成名誓不还。埋骨何须桑梓地,人生无处不青山",是志在四方,胸怀天下的宣言!胸中有风云之色,才有视通万里,席卷八方,包举宇内的气魄;胸中多缠绵悱恻,难免沉溺花前月下温柔之乡儿女情长。言为心声,在心为志,发言为诗,诗中的境界,常常决定人生高度。

自然,你嘴上的言语,是你心中的言语,是你行动的宣言。绝非为了耸人听闻,或者为了博取眼球,而言过其实说大话说雷人话,如赵括马谡之流,其结果误国误民误己,危害亦大矣!

◎ 学思知行

理论之学。言行这个话题,很难做出任何结论。理论上,我们希望自己效仿孔子,"敏于事而慎于言","言有物,行有格"。但现实中,寡言君子,如果不会言语(不谓之拍马逢迎,指的是基本的沟通交流意识或方法),很难引起重视、受到重用。所以我们不得不提出改变,学做二等人,有本事也有脾气,该说的说出来,说出你的主张,提出你的建议,表达你的诉求。不必学李白的狂傲,说什么"安能摧眉折腰事权贵,使我不得开心颜";也不必学屈原的自清,说什么"举世皆浊我独清,众人皆醉我独醒";而是放低身段,找准机会,向领导争取你正当的权利,提出你正确的主张,以此获得正当权益或者引起重视,未必不道。正像契诃夫所说:"小狗也要大声叫!"何况,青年人是推动社会发展进步的中坚力量。当然,要敢"说",敢于"表现",更重要的还是在"行"动,行胜于言,做实事,当仁不让!

现实之行。《弟子规》中说"凡言出,信为先。"一语不能践,万事成虚空。言语是行动的旗帜,行动是言语的证明。表里如一,言行一致,能给人带来无限信任、尊重和友谊。这样的品质对人们有一种近乎本能的、不可抗拒的吸引力。

欣喜的是,一代人有一代人的言语、行为方式,对于生活在如今公平、公正环境中的青年来说,按照社会通行的法则说话或者行事,敬畏规矩,已经成为他们生活的一部分。外部公平、公正的环境给予了年轻人更多、更为宽广的平台,只要你拥有自己足够独特的才智,拥有言行一致表里如一的行为品质,是金子总会发光的。获得人们的认同,拥有属于自己的一片生活、事业的天地,是迟早的事。

第二十问
如何忧与乐

子曰："贤哉回也！一箪食，一瓢饮，在陋巷。人不堪其忧，回也不改其乐。贤哉回也！"（雍也第六）

子曰："知之者不如好之者，好之者不如乐之者。"（雍也第六）

子曰："知者乐水，仁者乐山；知者动，仁者静；知者乐，仁者寿。"（雍也第六）

子曰："德之不修，学之不讲，闻义不能徙，不善不能改，是吾忧也。"（述而第七）

子之燕居，申申如也，夭夭如也。（述而第七）

百年三万六千日，不在愁中即病中。

中国人特别是中国文人喜欢忧愁，从"杞人忧天"，到杜甫式的"忧国忧民"。中国人把忧愁看作是一种自然而然的事情，甚至把忧愁看作是一种很光荣的事情，这其实是中国式的"荒诞派"戏剧！中国人大多是天生的"生存狂"，对外面环境有着天然的危机感，这是好事。比那些得过且过沉醉在"山外青山楼外楼，西湖歌舞几时休"多几分清醒认知，无疑是国家之幸。

历史上，中国的文人不乏"吹哨人"，以其独特的"忧愁"方式发出警世之言，是社会之大幸运。对于文人自己，则未必那么幸福，甚至以生命为代价，以生命唤醒生命的醒来，如投江的屈原、焚身的介子推、沉湖的王国维等。

一、仁者乐山：君子忧道不忧贫

"仁者乐山；知者动，仁者静；知者乐，仁者寿！"（雍也第六）在孔子那里，忧愁和欢乐只与"自己"有关：

"德之不修，学之不讲，闻义不能徙，不善不能改，是吾忧也。"（述而第七）

孔子只忧愁能不能充实自己，提升自己！但孔子关注的更多是"乐"，并且努力享受生活的快乐："知之者不如好之者，好之者不如乐之者。"（雍也第六）

因为了解，因为喜欢，所以享受"深度沉浸"，所以"忘乎所以"，不在乎外在的一切，甚至贫困，也享受"贫而乐"，"饭疏食饮水，曲肱而枕之，乐亦在其中矣！"（述而第七）即使孔子急急如丧家之犬之时，也欣然自嘲：

> 孔子适郑，与弟子相失，孔子独立郭东门。郑人或谓子贡曰："东门有人，其颡似尧，其项类皋陶，其肩类子产，然自要以下不及禹三寸。累累若丧家之狗。"子贡以实告孔子。孔子欣然笑曰："形状，末也。而谓似丧家之狗，然哉！然哉！"（《史记·孔子世家》）

学者高志强认为"贫而乐"这不是说以贫为乐，而是说德性为本心自足，至诚至善、无限圆满，故而德性之乐无待于外，现实境遇之贫富穷通均不足以扰乱之。[①]

从这里，我们可以看出，孔老夫子是一个生趣盎然、天真活泼的乐天派，这一点很像诗人顾城所说的哪个味道：闭上眼，世界就与我无关！

颜回是另一种境界的人："一箪食，一瓢饮，在陋巷。人不堪其忧，回也不改其乐。贤哉，回也！"（雍也第六）

在外人看来，颜回吃的"苦"，住的"寒酸"，学习的"刻苦"，或者称得上是一种"苦中作乐"，然而，颜回"不改其乐"，因为他也在"深度沉浸"式学习之中，超然物外，并不在意周围的一切。就好像子路，"衣缊袍，与衣狐貉者

立而不耻",因此,学习本是快乐的享受,快乐地追寻,而不是"刻苦"地"获得式记忆",不是生硬地为了获得而发愤!

因为,追求"乐"的境界,孔子更在乎与山水的交流、交融。智者乐水,徜徉在山水之间,享受一动一静的自由和宁静,达到一种内心的祥和满足,在孔子看来,这就是自由的生命或者生命自由的真谛!

孔子享受生命中的一切,更享受与朋友相处的快乐,从"有朋自远方来,不亦乐乎!"(学而第一)到"莫春者,春服既成,冠者五六人,童子六七人,浴乎沂,风乎舞雩,咏而归"(先进第十一)融入自然,放飞心灵,生命以诗意地栖居天人合一的乐境,再到"发愤忘食,乐而忘忧,不知老之将至"(述而第七)都是回归生命本真,享受生命的旷达那种无言的快乐!

孟子进而具体放大,提出"人生三乐",曰:"君子有三乐,而王天下不与存焉。父母俱存,兄弟无故,一乐也;仰不愧于天,俯不怍于人,二乐也;得天下英才而教育之,三乐也。"(《孟子·尽心上》)

家庭的和美,自身的修为,对社会的回馈,构成了孟子多维的人生观、价值观,这种最最质朴的语句,因为诚挚,散发着恒久的、动人心魄的智慧之光。

二、忧乐圆融,心系天下兼济苍生

"长太息以掩涕兮,哀民生之多艰。"(屈原诗句)

"穷年忧黎元,叹息肠内热!"(杜甫诗句)

"致君尧舜上,再使风俗淳!"(杜甫诗句)

不知何时,屈原、杜甫式的忧国忧民成了中国文人特有的精神气质,一方面,忧乐进一步放大,从个人忧乐到心系天下,兼济苍生,成为一种人生追求的理想;另一方面,"时不利兮""壮志难酬"成为一种恒久的惆怅思量,潜移默化,恒大成为中国文人的"集体意识"。

范仲淹的"先天下之忧而忧,后天下之乐而乐"这句名言,更成为中国文人的精神坐标,成为中国人共同的精神趋向和人生导航。

这种忧乐意识,被学界称之"忧乐圆融",忧乐并举,相互联系,又相互支撑。人们感慨理想难以实现,会"忧从中来,不可断绝"(曹操诗句),会乐极生悲,"及其所之既倦,情随事迁,感慨系之矣。向之所欣,俯仰之间,已为陈迹"(王羲之《兰亭集序》),也会由悲再至乐,"客喜而笑,洗盏更酌。肴核既尽,杯盘狼藉。相与枕藉乎舟中,不知东方之既白"(苏轼《赤壁赋》)。

其实,孔子的忧愁关注在自身遭际:"德之不修,学之不讲,闻义不能徙,不善不能改,是吾忧也。"(述而第七)他的平素生活是"申申如也,夭夭如也。"(述而第七)

孔子并不是一天到晚苦巴巴地皱着眉头,苦苦思索而不得的高冷形象。他吃饭很讲究,保养得也很好,天生快乐。尽管忧国忧民,但他依然保持着爽朗的襟怀,乐观愉快的神情,活泼自由的神态,他真是一位可亲、可爱、可敬的老夫子。挺拔于尘俗之中,又与万物相生、相移。

忧是生命的扩充,乐是情怀的蔓延。忧、乐不仅是对生民苦难的悲天悯人,更是一种积极的奋发图强。李泽厚认为,中华优秀传统文化属于"乐感文化"。因为中国人自古就很少有真正彻底的悲观主义者,中国人总愿意乐观地眺望未来、等待和希望着未来。以主人公的姿态、以乐观积极的心态直面现实的困顿,进而化为一种积极的解放力量。

"铁肩担道义,妙手著文章!"(李大钊诗句)

杜甫一生写出许多华彩诗文,但杜甫的忧愁好像并没有改变国家的走向。"大厦将倾,独木难支!"何况,杜甫连一根柱子都算不上,所以,杜甫式的忧愁改变的也只有自己:"艰难苦恨繁霜鬓,潦倒新停浊酒杯!"

读书人的忧愁,读书人的泪眼,除了徒然伤心,其实并没有太多的政治意义。诗人的意义,或者苦难诗歌的意义,深究之下,是对心灵的启迪,对灵魂扩充的感召。正像奥尔科特的《小妇人》中,马奇夫人对女儿们说的两句话:"眼,因多流泪水而愈益清明,心,因饱经忧患而愈益温厚。"

余秋雨说:"中国文化人总喜欢以政治来框范文化,让文化成为政治的衍生。他们不知道:一个吟者因冠冕而暗哑了歌声,才是真正值得惋叹的;一个诗人因功名而丢失了诗情,才是真正让人可惜的;一个天才因政务而陷入平庸,才是真正需要抱怨的。而如果连文学史也失去了文学坐标,那就需要把惋叹、可惜、抱怨加在一起了。"①

与其"新亭堕泪",不如"击楫中流"!

无论什么时候,达人们的行动力总是至关重要的,而不是忧愁!而"达人"们,无论任何时候,总是意气风发地高呼:"长风破浪会有时,直挂云帆济沧海!"

学者张明认为,这种"乐以忘忧"的人生态度不像西方宗教(如基督教)那样视痛苦体验为人类赎罪的形式,而是恰恰相反,当他们处于"不堪其忧"之境时,不仅没有痛苦的体验,反而是感到"乐莫大焉"。原因就在于,他们觉知自己已成为"仁道"精神的现实体现者,完成并实现了"天道"赋予人的道德责任和义务的缘故。②

忧乐情怀中的"忧",并不是悲天悯人的感情宣泄,而是超越一己利益得失的担当精神、进取志向、整体观念、忧患意识;忧乐情怀中的"乐",也不是满足个人物质欲望的快乐,而是一种乐观豁达的处世态度,一种先苦后甜、先人后己的成就感、责任感。几千年来,中华文明之所以能够维系、传承、发扬光大,与存在这样一大批胸怀天下、心系苍生、安贫乐道、先忧后乐的士人、学者有着密切的联系。古代士人、学者的忧乐情怀可以给予今天的学者们带来许多启示。一方面,治学要有强烈的历史使命感、社会责任感,积极为国分忧、为民解难,特别要注重对重大社会现实问题、经济社会发展中的突出问题、大众普遍关注的热点、难点问题进行研究和探索,努力为国家富强、民族振兴、社会发展、人民幸福做出贡献;另一方面,应以发现真理、传播真理为己任,以传播文明、资政育人为至乐,不为功名利禄所惑,不断提升精神境界,坚定理想信念,始终忠诚于祖国、忠诚于人民、忠诚于真理。③

三、万家忧乐到心头

"有求皆苦,无欲乃乐。"普通人的忧愁是得不到满足的,得不到满足常

---

① 余秋雨:《中国文脉》,长江文艺出版社 2012 年版,第 162 页。

② 张明:《"乐"之体验与生命圆融——孔子"乐"之境界的审美解读》,载《宁夏社会科学》2009 年第 3 期,第 160 页。

③ 彭时代:《治学当有忧乐情怀》,《人民日报》2012 年 11 月 1 日,第 23 版。

常来自与同类人的比较,当欲求难以满足,会反向化解:"良田万顷,日食三升;广厦千间,夜眠八尺。"(《增广贤文》)

但这种极简主义,低欲望生活,并不为大多数人所接受。人们更欣赏范仲淹所倡导的"忧乐观","先天下之忧而忧,后天下之乐而乐"(范仲淹《岳阳楼记》),以天下为己任,成为中国人特别是中国精英的基本价值取向。

民为国之本,忧国就是忧民,爱国就是爱百姓,这就是基本的价值观。范仲淹的一生,可谓践行这一价值观。据《宋史·列传第七十三》记载:"范仲淹,字希文,唐宰相履冰之后。其先邠州人也,后徙家江南,遂为苏州吴县人。仲淹二岁而孤,母更适长山朱氏,从其姓,名说。少有志操,既长,知其世家,乃感泣辞母,去之应天府,依戚同文学。昼夜不息,冬月惫甚,以水沃面。食不给,至以糜粥继之,人不能堪,仲淹不苦也。举进士第,为广德军司理参军,迎其母归养。改集庆军节度推官,始还姓,更其名。"

范仲淹年少读书,甚至比颜回还要辛苦,"食不给,至以糜粥继之,人不能堪,仲淹不苦也"。据说其年轻时游学关中,看见饿殍遍野,百姓贫病不堪,便慨然发誓"大丈夫当以利泽生民为务",立志"不为良相便为良医"。《宋史》说他"每感激论天下事,奋不顾身",当时章献太后垂帘听政,天子率百官上寿,范仲淹奋不顾身上疏请太后还政。结果被放出京城。章献太后驾崩后,范仲淹被召回,不少人纷纷诉说章献太后的种种不是,范仲淹却力排众议,认为"太后受遗先帝,调护陛下者十余年,宜掩其小故,以全后德",可谓正论。当时宰相吕夷简执政,"进用者多出其门",范仲淹毫不客气上《百官图》,指责吕夷简用人唯亲,因为得罪权臣,再度放出京城。但是当西夏元昊反叛,范仲淹"自请行",担当起抗敌重任,成为国之屏障。

> "居庙堂之高,则忧其民,处江湖之远,则忧其君。是进亦忧,退亦忧。然则何时而乐耶?其必曰:'先天下之忧而忧,后天下之乐而乐'乎!"(范仲淹《岳阳楼记》)

这段文字,可谓是范仲淹一生的写照。《宋史·列传第七十三》中论曰:"自古一代帝王之兴,必有一代名世之臣。宋有仲淹诸贤,无愧乎此。仲淹初在制中,遗宰相书,极论天下事,他日为政,尽行其言。诸葛孔明草庐始见昭烈数语,生平事业备见于是。豪杰自知之审,类如是乎。考其当朝,虽不能久,然先忧后乐之志,海内固已信其有弘毅之器,足任斯责,使究其所欲为,岂让古人哉。"

四面湖山归眼底,万家忧乐到心头。范仲淹,也是中国历史上文人的另一个坐标,每每游览一山一水,就会想起:"微斯人,吾谁与归?"

虽不能穿越那个时代,还是很令人心向往之,情不自禁吟之、诵之。

◎ 学思知行

知乐之知。世上本无事,庸人多自扰。想太多,无益于乐活人生,难免胸痛、心儿伤。曾国藩有副对联:"取人为善,与人为善;乐以终身,忧以终身。"从处世的角度来看,曾国藩的这副对联完全是其做人的智慧总结。乐,其实是简单无价难得的事,凭借的是一个好心态。与人为善,减少窝里斗,人与人和谐共处,这无疑可以化解许多纷争,保持中和静享之美;乐安终身是一种情怀,保持乐观向上、积极豪迈的情怀,笑对人生成败;忧安终身,则是一种自省,人无远虑,必有近忧。除了关注自身的幸福,还要关注他人的幸福,还有家国、民族的命运。我们谁都无须逃避,因为这是一种文化基因,早已在我们的情怀里深植厚种,扎根开花结果了。

知忧之乐。少年不知愁滋味!对于当下的青少年来说,生在太平盛世,更不知忧愁为何物,历尽千帆,归来仍少年,无疑也是一种幸福!但作为"天生存狂"的后人,忧愁已经成为我们的基因,不断释放危机的"哨音",同样值得期许。乐,有人爱,有人陪,似水流年的日子,一天天能看暮薄西山,静静地执手相看泪眼白头……且需家财万贯?何需青史留名?不用。有暖心,有惬意,日日夜夜有流水细饮,多好。

但我们更要一起享受忧之"乐",就像《少年》歌词中唱的:"换种生活/让自己变得快乐/放弃执着/天气就会变得不错/每次走过/都是一次收获/还等什么/做对的选择……"白驹过隙,哭也一天,笑也一天,闹也一天,静也一天,不必让自己活得心堵气粗。平心静气,与四季轮回相向、相拥,安泰、安居、安心,自在、自乐,知足自得。

第二十一问
如何不负此生

子曰："吾十有五而志于学，三十而立，四十而不惑，五十而知天命，六十而耳顺，七十而从心所欲，不逾矩。"（为政第二）

子曰："参乎，吾道一以贯之。"曾子曰："唯。"子出，门人问曰："何谓也?"曾子曰："夫子之道，忠恕而已矣。"（里仁第四）

传统观念中，"六十而耳顺，七十从心所欲"，到六十岁就可以"衣帛食肉"，安享晚年了。现实职场中，超过一定的年龄将很难再有晋升空间，以至于一些人到了四五十岁便开始计划退休，憧憬享受退休生活了，而延迟退休无疑打破了这种"心理预期"。在普通岗位中，很多招聘单位把年龄规定在十八岁到五十岁之间，超过五十岁的人被以种种理由拒绝，即使有，只能从事一些简单劳累的低薪工作。当然，高级知识分子、稀缺人才除外。

要破除人们心中的年龄"魔咒"，激发持续创造的热情，一是要破除人们心中的"年龄误区"，二是要打破现实种种的人才设坎"限定"。

孔子说："吾十有五而志于学，三十而立，四十而不惑，五十而知天命，六十而耳顺，七十而从心所欲，不逾矩。"（为政第二）这是孔子的自画像，也是孔子一生写照。许多人努力践行这句话，但很多人对此存在"误读"。南怀瑾先生认为，这句话不但道出人生在诸多年龄段应达到的目标，而且道出了诸多的"大不易"。

一、十有五而志于学

钱穆先生释曰："志者，心所欲往，一心常在此目标上而向之趋赴之谓。故有志必有学，志学相因而起。"①孔子在教授学生的时候，曾提出"自行束脩以上，吾未尝无悔焉。"孔子强调"自行"而非父母"代缴"，其实就是突出"觉醒"的意义，只有"向上"的"觉醒"，才具有"志学"的原动力。

虽然，现代幼儿三岁就进了幼儿园，甚至未出生时父母就开始早早进行胎教，但这些教育都是父母的"作为"，或者父母的"觉解"，不是孩子主动的学习需要，孩子只是被动地接受被安排的学习了。

一个人，如果在青年时期（十五岁左右）就自我"觉解"立下壮志，如年少的宗悫之"愿乘长风破万里浪"，如周恩来之"为中华崛起而读书"，这才是真正意义自发的"觉解"，这才是"有志于学"。如此"有志"，自然读书或做任何事都甘之乐之，坚持下来，必然可以成就非凡的成就。如果只是"难违父母命"地被动读书，难免会感到心累、神伤，很难达到一种事业和精神高度，达到自己满意的成就更不必去说了。

二、三十而立

人到三十能够确立自己的目标，成家立业，有了一定的经济基础再进行上层建筑精神追求，这也是现实青年"难为"者。君不见许多学子年至三十方才结婚生子，甚至还做着"啃老族"，自然是功不成名不就，何谈真正的"立"？

余秋雨谈及"立"问题。总结出古人"立"的三个标准：其一，明确的主张；其二，社会的信任；其三，专业特长。

傅佩荣认为，三十而立，是三十而"礼"，一个人学习做人处世的道理，在社会上也有工作，就能以合理的方式与别人互动。②

三十岁是人生重要的一个分界，即能否达到"立"。无疑，这是一个重要的标准，关乎未来的发展。三十岁，大多已成家，具有了多重身份，身为人子

---

① 钱穆：《论语新解》，生活·读书·新知三联书店 2005 年版，第 27 页。
② 傅佩荣、郭齐勇、孔祥林：《孔子九讲》，中华书局 2008 年版，第 10 页。

（女），身为人父（母），身为人夫（妻），身为员工或者部门负责者，等等，对外宣责任，对内立本事，孝敬父母，稳定家庭，向上发展，一切都要做，而且都要努力做好。

三、四十而不惑

钱穆先生释曰："人事有异同，有逆顺，虽有志能立，或与外界相异相逆，则心易起惑。必能对外界一切言论事变，明到深处，究竟处，与其相会通处，而皆无可疑，则不仅有立有守，又能知之明而居之安，是为孔子进学之第二阶段。"①

所以，不是四十而不被迷惑，而是四十易被迷惑，因为易惑，所以四十能不惑就是人生的大可贵之处。

这是人们对孔子的"误区"之一。现实中，四十岁不是"不惑"，而是"易惑"之年。打拼了许久，人在四十岁终于在社会上有了一定的地位，有了名字、位子、票子、房子、车子、妻子、孩子，特别是一些人有了"官"或者"钱"，自然有许多人向其靠拢。赞美话听多了，媚眼看多了，一些人就飘飘然"乱花迷眼"不知"身之所之"了。所以，"四十"而"不迷惑"，能坚守一贯立场，把握好底线和尺度，是立身之要，也是人生"难为"者。

无论认同与否，四十岁都是人生一个至关重要的生理、心理阶段。无论是更为稳健、更加成熟、更长于判断、更能自强不息或是更趋向返璞归真，更平易，更宽容，更热恋人生，抑或是更积极贪求私利，满足私欲，我们总是面对"四十不惑"这一传统文化的影响，文人自然影响更大。②

四、五十而知天命

钱穆先生释曰："虽对事理不复有惑，而志行仍会有困，志愈进，行愈前，所遇困厄或愈大。故能立不惑，更进则须能知天命。天命指人生一切当然之道义与职责。道义职责似不难知，然有守道尽职仍穷困不可通者。何以

---

① 钱穆：《论语新解》，生活·读书·新知三联书店 2005 年版，第 27 页。
② 虎维尧：《"四十不惑"与文人的生存选择》，载《固原师专学报（社会科学版）》2001 年第 4 期，第 20 页。

当然者而竟不可通,何以不可通而仍属当然,其义难知。遇此境界,乃需知天命之学。"①

许多人把这句话理解为"听天由命",或者"顺其自然"抑或"随遇而安""安贫乐道",这都是对孔子思想的最大误读。五十岁是人生中的第二个"黄金阶段",人到这个阶段,心智完全,阅历丰富,年富力强,是大展身手的黄金阶段,是人生的升华阶段。孔子所谓的"知天命",就是把握一生的"天命"所在,不辜负上天赋予自己的使命,在人生中留下浓墨重彩的一笔。正是基于这种认识,孔子五十岁开始,不管是为官摄政,还是周游天下,都在努力践行上天赋予的使命,扮演"木铎"角色最终成为百世之师。五十岁的孟子同样有此理想:"如欲平治天下,当今之世舍我其谁?"所以,五六十岁,不是职场终点,而是新一轮人生规划的起点。

傅佩荣认为,天命包含两个意思:第一个叫做命运,第二个叫做使命。人活在世上自由命运安排,譬如出生的背景,生长的环境……这些都叫遭遇。所有的遭遇都属于命运,并非个人能够控制。另一种叫做使命。孔子所谓的"知天命",显然是指"使命"而言。举例而言,为什么知识分子会有使命感呢? 因为他们了解过去的世界如何运作,看到局势纷乱,知道如何才能让国家走上轨道,他的这种了解就构成一种责任感。②

五十新出发,人生到了这个年纪,可以不必为儿女活着,不必为单位或任何人活着,可以完全为"自己"而活,敢于尝试新生事物,敢于经历不一样的人生,实现人生最大的价值,活出精彩,活出意义。如此才是不负此生,不负过往!

五、六十而耳顺

钱穆先生释曰:"外界一切相异相反之意见与言论,一切违逆不顺之反应与刺激,既由能立不惑,又知天命而有以处之,不为所摇撼所迷惑,于是更进而有耳顺之境界。耳顺者,一切听入于耳,不复感其于我有不顺,于道有不顺。当知外界一切相反相异,违逆不顺,亦莫不各有其所以然。能明得此

---

① 钱穆:《论语新解》,生活·读书·新知三联书店2005年版,第27页。
② 傅佩荣、郭齐勇、孔祥林:《孔子九讲》,中华书局2008年版,第10页。

一切所以然,则不仅明于己,亦复明于人。不仅明其何以而为是,亦复明其何由而为非。一反一正,一彼一我,皆由天。斯无往而不见有天命,所以说耳顺,此乃孔子进学之第四阶段。"他又说:"事物之进入我心,其最要关键,在我之耳与目。本章专举耳顺,盖举此可以概彼。抑且目视由我及外,耳闻由外及我,论其自主之分量,微有区别。又目视偏于形物,耳听深入心意。目见近而耳闻远,即古人前言往行,亦可归于耳闻一类。故举耳可以概目。学至于知天命,则远近正反,古今顺逆,所见皆道,皆在天命中。将更忠于自尽,将益恕于待物。于己重在知其所当然,于人重在明其所以然。明其所以然则耳顺,一切不感其有所违逆,于是而可以施教,可以为治,可以立己而立人,达己而达人。"①

钱穆先生阐述了六十而耳顺的"所以然"问题,这显然只有智者仁者能明达,非一般人所易晓。但现实中,人到了六十岁,并不是许多人都能"明其所以然",深究事物的根本,但他们积累了一定社会"经验",但容易把"经验"视为"所以然"的所在,有人据此自负,自以为自己走过的桥比别人走过的路还多,往往会陷入另一种过往弊端:自负。

自负之后,渐渐师心自用,固执己见,不能像从前一样虚怀若谷,采纳良言,历史上许多败仗都有这样的影子,比如,三国时期袁绍的官渡之败,曹操的赤壁之败,关羽的败走麦城,刘备的败走白帝城。他们都年届六十。

"六十而耳顺",看似容易,其实也是人生的"大不易",特别对于有一定成就又比较自负、自信的人,尤其不易!

六、七十从心所欲而不逾矩

钱穆先生释曰:"矩,曲尺,规,圆规。规矩方圆之至,借以言一切言行之法度准则。此处言矩不言规,更见其谨言。圣人到此境界,一任己心所欲,可以纵己心之所至,不复检点管束,而自无不合于规矩法度。此乃圣人内心自由之极致,于外界所当然之法度规矩自然相洽。学问至此境界,即己心,即道义,内外合一。我之所为,莫非天命之极则矣。天无所用心而无不是,

---

① 钱穆:《论语新解》,生活·读书·新知三联书店 2005 年版,第 28 页。

天不受任何约束而为一切之准绳。圣人之学,到此境界,斯其人格之崇高伟大拟于天,而其学亦无可再进矣。"①

到了七十岁,老有所依、衣食无忧,"返老还童""从心所欲"出于人性的本能,"不逾矩"则是对社会规范的恪守,这是一种很高的人生修养和境界。

但这依旧是人生之"大不易",生活中能够如此潇洒的老人并不多,他们或者困于食,到了晚年老无所依,还不得已外出谋生;或者困于病,为疾病困扰;或者畏惧死亡,整天为了养生东奔西跑,寄希望延年益寿;或者困于孤独,整日长吁短叹。许多老年人活得并不容易,能够"从心所欲"并不容易。

其实,孔子七十岁也活得很艰难。那一年,他的儿子孔鲤死去;第二年,他最欣赏的学生颜渊死去;第三年,他最忠实的学生子路也死于卫国内乱。但他顺从"天之选择",用"从心所欲"的方式"问天",也是反问自己:哪些是值得做的,哪些不是!

诗人纪伯伦说:"一个伟大的人有两颗心:一颗心流血,另一颗心宽容。"孔子的一生,就在于能够把平凡的生命过得不平凡,从"三十而立",到"四十不惑",再到"五十知天命",开始周游列国,传播自己的人生理想,再到"六十而耳顺",听从内心召唤回到鲁国,整理典籍教授生徒,再到"七十从心所欲"。他的每一步都不容易。因为不容易,所以难能可贵!

这些"大不易"之所以"不易",主要是"知易行难",把握好分寸更难,也正是孔子深深警醒世人的。"生无所息""生生不息""一息尚存,不落征帆",这是古人崇高的精神追求。打破年龄的"魔咒",追求"天命"所在,是一个人追求人生价值的最好体现。

◎ 学思知行

不负此生。在打破人们心中生理年龄"魔咒"的同时,还要破除现实中对年龄的种种"限定"。唯才是举,量德用人,才是任用人才的重要标准,也是社会公平、公正的重要体现。

为此,要反对性别、年龄、出身、学历等一切形式的歧视,尊重每一个人

---

① 钱穆:《论语新解》,生活·读书·新知三联书店 2005 年版,第 29 页。

的不同、独一无二的人格,发挥每个人的潜能,实现社会的所谓公平、正义。在延迟退休年龄的问题,应该重铸社会普遍的人生观、价值观、人才观,最终实现不遗寸长、人乐其用、公正和谐的新时代社会富足、生活美好的新局面。

此生不负。时光荏苒,时光不居。对于度日如年的懒惰人来说,每一天都是煎熬的、无趣的;对于不断奋进的勤奋人来说,每一天都是崭新的、值得珍贵的。

尼采说,每一个不曾起舞的日子,都是对生命的辜负!

泰戈尔说,世界吻我以痛,我却报之以歌!

顾城说,人可生如蚁,而美如神!

我们说,风轻云淡,岁月静好,活着,就是美好。

学生说,老师,您对我们的要求太平凡了,我们一定要不平凡地好好活着。

如此,甚好。

教育春风化雨、润物无声,

教学行云流水、青春万岁,

如此,就是美好。

参考文献

[1]四书五经(全三册)[M].北京:中国书店,1985.

[2]钱穆.论语新解[M].北京:生活·读书·新知三联书店,2005.

[3]子安宣邦.孔子的学问:日本人如何读《论语》[M].吴燕,译.北京:生活·读书·新知三联书店,2017.

[4]李泽厚.美学三书.美的历程[M].合肥:安徽文艺出版社,1999.

[5]南怀瑾.论语别裁[M].上海:复旦大学出版社,1996.

[6]柯特·R.巴托尔,安妮·M.巴托尔.犯罪心理学(第11版)[M].李玫瑾,等译.北京:中国轻工业出版社,2019.

[7]成中英.文化·伦理与管理[M].贵阳:贵州人民出版社,1991.

[8]杨伯峻.论语译注[M].北京:中华书局,1980.

[9]梁启超.中国近三百年学术史[M].北京:团结出版社,2011.

[10]余秋雨.中国文脉[M].武汉:长江文艺出版社,2012.

[11]亚当·斯密.道德情操论[M].北京:中国文联出版社,2017.

[12]吴小如.中国文化史纲要[M].北京:北京大学出版社,2001.

[13]傅佩荣.国学的天空[M].西安:陕西师范大学出版社,2009.

[14]傅佩荣.孔子九讲[M].北京:中华书局,2008.

[15]南怀瑾.历史的经验[M].上海:复旦大学出版社,1996.

[16]南怀瑾.老子他说[M].上海:复旦大学出版社,1996.

[17]南怀瑾.孟子旁通[M].上海:复旦大学出版社,1996.

[18]南怀瑾.道家、密宗与东方神秘学[M].上海:复旦大学出版社,1997.

[19]亚当·斯密.国富论[M].北京:中国文联出版社,2016.

[20]于丹.于丹《论语》心得[M].北京:中华书局,2006.

[21]于丹.于丹《庄子》心得[M].北京:中华书局,2007.

[22]许结.中华文化史二十一讲[M].北京:高等教育出版社,2018.

［23］余秋雨.寻觅中华［M］.北京:作家出版社,2008.

［24］余秋雨.霜冷长河［M］.北京:作家出版社,1999.

［25］余秋雨.行者无疆［M］.北京:华艺出版社,2001.

［26］余秋雨.君子之道［M］.北京:北京联合出版公司,2008.

［27］余秋雨.山河之书［M］.北京:作家出版社,2008.

［28］余秋雨.文明的碎片［M］.沈阳:春风文艺出版社,1994.

［29］南怀瑾.禅话［M］.上海:复旦大学出版社,1996.

［30］稻盛和夫.活法［M］.廖月娟,译.北京:东方出版社,2005.

［31］稻盛和夫.活法Ⅱ［M］.廖月娟,译.北京:东方出版社,2009.

［32］王振铎.《人间词话》与《人间词》［M］.郑州:河南人民出版社,1995.

［33］亨德里克·威廉·房龙.人类的故事［M］.高源,译.西安:陕西师范大学出版社,2007.

［34］一行禅师.活得安详［M］.明洁,明尧,译.北京:中国国际广播出版社,1999.

［35］一行禅师.与生命相约［M］.明洁,明尧,译.北京:中国国际广播出版社,1999.

［36］余秋雨.文化苦旅［M］.上海:东方出版中心,1992.

［37］季羡林.思想者说［M］.青岛:青岛出版社,2002.

［38］林清玄.思想的天鹅［M］.北京:北京盲文出版社,2004.

［39］叶维廉.中国诗学［M］.北京:生活·读书·新知三联书店,1991.

［40］露丝·本尼迪克特.菊与刀［M］.北塔,译.南京:凤凰传媒出版集团,2012.

［41］龙应台.目送［M］.桂林:广西师范大学出版社,2014.

［42］金缨.格言联璧［M］.太原:书海出版社,2001.

［43］陈继儒.小窗幽记［M］.太原:书海出版社,2001.

［44］王永彬.围炉夜话［M］.太原:书海出版社,2001.

［45］爱克曼.歌德谈话录［M］.朱光潜,译.北京:人民文学出版社,2000.

［46］黄仁宇.万历十五年［M］.北京:生活·读书·新知三联书店,1997.

［47］周国平.善良·丰富·高贵［M］.合肥:黄山书社,2007.

［48］周国平. 各自的朝圣路［M］. 合肥：黄山书社，2007.

［49］黄仁宇. 赫逊河畔谈中国历史［M］. 北京：生活·读书·新知三联书店，1992.

［50］曾国藩. 冰鉴［M］. 郑州：中州古籍出版社，2001.

［51］许慎. 说文解字［M］. 沈阳：万卷出版公司，2009.

［52］乔治·奥威尔. 一九八四［M］. 长春：时代文艺出版社，2018.

［53］茅于轼. 中国人的焦虑从哪里来［M］. 北京：群言出版社，2013.

［54］胡旋. 卡耐基成功之道全书［M］. 沈阳：沈阳出版社，1995.

［55］钱钧华. 跟孔子周游列国［M］. 上海：上海社会科学院出版社，2009.

［56］廖其发. 先秦两汉人性论与教育思想研究［M］. 重庆：重庆出版社，1999.

［57］冯友兰. 中国哲学史新编（上、下卷）［M］. 北京：人民出版社，1995.

［58］钱逊. 先秦儒学［M］. 沈阳：辽宁教育出版社，1991.

［59］朱熹. 四书章句集注·论语集注（卷十三）［M］. 北京：中华书局，1983.

［60］司马迁. 史记［M］. 长沙：岳麓书社，2006.

［61］马克斯·韦伯. 儒教和道教［M］. 北京：中国商务出版社，1995.

［62］匡亚明. 孔子评传［M］. 南京：南京大学出版社，2004.

［63］吴庆麟. 教育心理学［M］. 北京：人民教育出版社，1999.

［64］杨伯峻. 论语译注［M］. 北京：中华书局，1980.

［65］杨国荣. 善的历程：儒家价值体系研究［M］. 上海：华东师范大学出版社，2009.

［66］马振铎. 仁·人道：孔子的哲学思想［M］. 北京：中国社会科学出版社，1993.

［67］朱光磊. 中国的贫富差距与政府控制［M］. 上海：上海三联书店，2002.

［68］李泽厚. 论语今读［M］. 合肥：安徽文艺出版社，1998.

［69］恩斯特·卡西尔. 人论［M］. 甘阳，译. 上海：上海译文出版社，2004.

［70］房龙. 人的解放［M］. 郭兵，等译. 北京：北京出版社，1999.

［71］赫尔巴特. 普通教育学［M］. 李其龙，译. 杭州：浙江教育出版社，2002.

［72］王东岳. 物演通论［M］. 北京：中信出版社，2015.

[73]王东岳.知鱼之乐[M].北京:中信出版社,2015.

[74]余秋雨.何为文化[M].武汉:长江文艺出版社,2016.

[75]黎佳晔,王玉琴.孔子"仁"道范畴探微[J].盐城师范学院学报(人文社会科学版),2017,37(5):23-26.

[76]陶西平.现代化进程中的校长使命[N].中国教育报,2008-01-08(5).

[77]刘乾坤.孔子的民本思想探析[J].周口师范学院学报,2013,30(6):100-102.

[78]张明."乐"之体验与生命圆融:孔子"乐"之境界的审美解读[J].宁夏社会科学,2009(3):157-160.

[79]彭时代.治学当有忧乐情怀[N].人民日报,2012-11-01(23).

[80]俞志慧.释"行有格"、"有耻且格"的"格"[J].苏州大学学报,2004(4):55-57.

[81]王丽,丁海波.孔子论"耻"的内涵及其当代审美价值[J].社会科学战线,2012(11):247-249.

[82]王荣荣.论孔子的贫富观[J].重庆科技学院学报(社会科学版),2013(1):143-145.

[83]晏扩明."真正共同体"与"大同世界"之比较:立足于人的类本质的感性回归[J].温州大学学报(社会科学版),2019(2):19-26.

[84]宁金丹.习近平新时代扶贫思想的生成、实践和意义[J].大庆社会科学,2019(3):24-27.

[85]夏都颖.孔子为政思想的现代启示[J].西南民族大学学报(人文社科版),2009,30(9):219-223.

[86]罗伟凤.孔子"为政"思想及其现代价值[J].河北青年管理干部学院学报,2015(3):96-99.

[87]闫冰,李朝晖.孔子儿童教育思想的三重意蕴及现实反思[J].教育评论,2019(1):161-164.

[88]阳泽,余小燕.孔子因材施教的人学思想及其现代启示[J].成都航空职业技术学院学报,2018(4):71-76.

[89]梁秋英,孙刚成.孔子因材施教的理论基础及启示[J].教育研究,2009

（11）:87-91.

[90]任意君.论孔子教育思想的内涵、路径与方法[J].黑河学刊,2019(1):139-141.

[91]胡海波.中华民族最根本的精神基因[N].光明日报,2017-07-17(15).

[92]宋伟明.孔子的爱国主义思想与祖国统一大业[J].湘潭大学社会科学学报,2002(5):53-57.

[93]丁雪枫.黑格尔的爱国道德思想及当代启示[J].社科纵横,2019,34(4):94-100.

[94]吴灿新.习近平关于新时代爱国主义的重要论述略探[J].岭南学刊,2019(1):9-14.

[95]沈敏荣,王阳春.《论语》中人格谱系研究:以中人人格为中心[J].武陵学刊,2019,44(4):1-11.

[96]张善根.从互害型社会走向互利型社会:中国社会主要矛盾的转化及应对[J].探索与争鸣,2018(8):75-83,142-143.

[97]徐鑫钰.从"碎片化"监管到整体性监管:我国食品安全监管体制重构研究[J].哈尔滨学院学报,2015,36(12):28-32.

[98]王天民,史宏月.论《论语》诚信精神及其当代实践[J].吉林师范大学学报(人文社会科学版),2019,47(2):31-35.

[99]路强.从"诚信"走向"契约":法家"信德"中的契约精神及其现代启示[J].人文杂志,2019(3):65-71.

[100]毛丹.若能诚信,敢不敛衽:漫说诚信的公共政治内蕴[J].开放时代,2002(6):123-127.

[101]施炎平.先秦儒家智慧观念初探[J].华东师范大学学报(哲学社会科学版),2001(3):43-49.

[102]郭院林.孔子"仁"学体系的基础与提升:以《论语》为中心[J].常州大学学报(社会科学版),2015,16(4):1-6.

[103]孔凡青.孔子"仁"说与儒家制度伦理的建构[J].宜宾学院学报,2017,17(5):71-78.

[104]公方彬.习近平新政治观的本质特征与时代价值[J].中国延安干部学

院学报,2016,9(3):43-46.

[105]樊浩.《论语》伦理道德思想的精神哲学诠释[J].中国社会科学,2013
　　(3):125-140.

[106]谷玛利.道:孔子毕生追求的政治终极:孔子道论评析[J].苏州大学学
　　报(哲学社会科学版),2019,40(2):8-15.

[107]王柏棣,王英杰.孔子"道"的三重内涵探析[J].社会科学战线,2018
　　(9):240-244.

[108]许佳,亓光.孔子的礼本人学及其时代启示[J].长治学院学报,2017,
　　34(4):4-7.

[109]张峰伟.孔子礼学思想对大学生个体发展的启示[J].汉字文化,2018
　　(22):74-75.

[110]金正昆.孔子之"礼"新探[J].江西社会科学,2017,37(5):243-249.

[111]虎维尧."四十不惑"与文人的生存选择[J].固原师专学报,2001(4):
　　17-20.

附录

孔子年谱

一岁:鲁襄公二十二年(公元前551年)

孔子生于鲁国陬邑昌平乡(今山东曲阜城东南)。因父母曾为生子而祷于尼丘山,故名丘,字仲尼。

三岁:鲁襄公二十四年(公元前549年)

其父叔梁纥卒,葬于防山(今曲阜东25里处)。孔母颜征在携子移居曲阜阙里,生活艰难。

十五岁:鲁昭公五年(公元前537年)

孔子日见其长,已意识到要努力学习做人与生活之本领,故曰:"吾十有五而志于学。"(《论语·为政》)

十七岁:鲁昭公六年(公元前535年)

孔母颜征在卒。

十九岁:鲁昭公九年(公元前533年)

孔子娶宋人亓官氏之女为妻。

二十岁:鲁昭公十年(公元前532年)

亓官氏生子。据传此时正好赶上鲁昭公赐鲤鱼于孔子,故给其子起名为鲤,字伯鱼。是年孔子开始为委吏,管理仓库。

二十一岁:鲁昭公十一年(公元前531年)

是年孔子改作乘田,管理畜牧。孔子说:"吾少也贱,故多能鄙事。"(《论语·子罕》)此"鄙事"当包括"委吏""乘田"。

三十岁:鲁昭公二十年(公元前522年)

自十五岁有志于学至此时已逾十五年,孔子经过努力在社会上已站住脚,故云"三十而立"(《论语·为政》)。

是年齐景公与晏婴来鲁国访问。齐景公会见孔子,与孔子讨论秦穆公何以称霸的问题。

三十五岁:鲁昭公二十五年(公元前 517 年)

鲁国发生内乱。《史记·孔子世家》云:"昭公率师击(季)平子,平子与孟孙氏、叔孙氏三家共攻昭公,昭公师败,奔齐。"孔子在这一年也到了齐国。

三十六岁:鲁昭公二十六年(公元前 516 年)

齐景公问政于孔子,孔子对曰:"君君、臣臣、父父、子子。"孔子得到齐景公的赏识,景公欲以尼溪之田封孔子,被晏子阻止。孔子在齐闻《韶》乐,如醉如痴,三月不知肉味。

四十岁:鲁昭公三十年(公元前 512 年)

经过几十年的磨炼,对人生各种问题有了比较清楚的认识,故自云"四十而不惑"。

五十岁:鲁定公八年(公元前 502 年)

自谓"五十而知天命"(《论语·为政》)。

五十一岁:鲁定公九年(公元前 501 年)

孔子为中都宰,治理中都一年,卓有政绩,四方则之。

五十二岁:鲁定公十年(公元前 500 年)

孔子由中都宰升小司空,后升大司寇,摄相事。夏天随定公与齐侯相会于夹谷。孔子事先对齐国邀鲁君会于夹谷有所警惕和准备,故不仅使齐国劫持定公的阴谋未能得逞,而且逼迫齐国答应归还侵占鲁国的郓、讙、龟阴等土地。

五十三岁:鲁定公十一年(公元前 499 年)

孔子为鲁大司寇,鲁国大治。

五十四岁:鲁定公十二年(公元前 498 年)

孔子为鲁大司寇。为削弱三桓,采取堕三都的措施。叔孙氏与季孙氏为削弱家臣的势力,支持孔子的这一主张,但此一行动受到孟孙氏家臣公敛处父的抵制,孟孙氏暗中支持公敛处父。堕三都的行动半途而废。弟子公孙龙生。龙字子石,楚国人。

五十五岁:鲁定公十三年(公元前 497 年)

是年春,齐国送80名美女到鲁国。季桓子接受了女乐,君臣迷恋歌舞,多日不理朝政。孔子与季氏出现不和。孔子离开鲁国到了卫国。十月,孔子受谗言之害,离开卫国前往陈国。路经匡地,被围困。后经蒲地,遇公叔氏叛卫,孔子与弟子又被围困。后又返回卫都。

六十岁:鲁哀公三年(公元前492年)

孔子自谓"六十而耳顺"。孔子过郑到陈国,在郑国都城与弟子失散,独自在东门等候弟子来寻找,被人嘲笑,称之为"累累若丧家之犬"。孔子欣然笑曰:"然哉,然哉!"

六十三岁:鲁哀公六年(公元前489年)

孔子与弟子在陈蔡之间被困绝粮,许多弟子因困饿而病,后被楚人相救。由楚返卫,途中又遇隐者。

六十七岁:鲁哀公十年(公元前485年)

孔子在卫。孔子夫人亓官氏卒。

六十八岁:鲁哀公十一年(公元前484年)

是年齐师伐鲁,孔子弟子冉有帅鲁师与齐战,获胜。季康子问冉有指挥才能从何而来?冉有答曰"学之于孔子"。季康子派人以币迎孔子归鲁。孔子周游列国十四年,至此结束。

六十九岁:鲁哀公十二年(公元前483年)

孔子仍有心从政,然不被用。孔子继续从事教育及整理文献工作。孔子的儿子孔鲤卒。

七十岁:鲁哀公十三年(公元前482年)

孔子自谓"七十而从心所欲,不逾矩"。

七十一岁:鲁哀公十四年(公元前481年)

是年春,狩猎获麟。孔子认为这不是好征兆,说"吾道穷矣",于是停止修《春秋》。颜回卒,孔子十分悲伤。

七十三岁:鲁哀公十六年(公元前479年)

孔子患病不愈而卒,葬于鲁城北泗水岸边。

后　记

在日本有这样一则故事：日本一代名医曲直濑道三，二十二岁进入足利学堂研读经书。教授正文伯问他："你以后是不是要以儒学立身？"曲直濑道三摇摇头说："不，我将来立志学医，为困苦的百姓服务。"正文伯惊讶地问："既然你立志学医，为何跑来跟我学习经书？"曲直濑道三说："我是打算先学好儒家学说，再去习医。先在我心里存有怜悯爱物的思想，这样在掌握医术之后，才可以仁心仁术。如果没有怜悯心，光有高明的医术是没有用的。"三年后，曲直濑道三从足利学堂毕业，接着辛苦习医十年。他精通儒、医两道，受到大家信赖，被尊为日本"医学中兴之祖"。

这则故事形象说明思想对行为的指导意义。同样，在现代教育历史中，从最初"实业救国""教育救国"到当今"科技兴国"，都离不开对人思想的教启。不论科技多发达，教育都要从"正心"开始。只有培养学生树立正确的世界观、价值观、人生观，才能让我们的学生在物欲横流的世界不迷失，才能让他们更好地利用科学知识造福于人类。今日教育不妨从培育学生"仁心"开始，学生学到的科学知识就是未来造福人类的"仁术"。也回应了许慎《说文解字》中教育的本心："教者，上所施，下所效也。育者，养子使作善也。"

何谓"仁"？一言以蔽之，就是"博爱爱人"。仁是孔子思想核心，《论语》一书中"仁"字出现109次之多，它在孔子的思想体系中居于十分重要的地位，后人把孔子的思想概括为"仁学"。"仁学"的一个重要体现就是"己立立人，己达达人""己所不欲，勿施于人"。青年人从"入则孝，出则悌，谨而信"这些最基本的行为开始，逐步达到"泛爱众，而亲仁"的精神追求，进而达到更高的"志士仁人，无求生以害仁，有杀身以成仁"的境界。孟子更是将"仁"作为立身的"四端"之本："恻隐之心，仁之端也；羞恶之心，义之端也；辞让之心，礼之端也；是非之心，智之端也。人之有是四端也，犹其有四体也。"

"千教万教,教人求真;千学万学,学做真人。"这是教育家陶行知的名言,他"捧着一颗心来,不带半根草去",身体力行让学生"亲民亲物亲赤子,问古问今问未来"去"求真",培养学生具有健康的身体,独立的思想,教导学生明白"义则居先,利则居后;敬其所长,恕其所短"的做人准则。陶行知一生实践着这种"求真"的"仁心"教育,也使这种精神在中国教育继续发扬光大。著名教育家李镇西在《爱心与教育》中告诉我们,做一个老师要"用热心投入教育;用童心走近学生;用爱心感化学生;用耐心支撑学生"。用心灵撞击心灵,用人格引领人格,用智慧点燃智慧。

反思今日教育,某些学校不是倡导"爱的教育",而是推崇"力的教育"或者"物化的教育";某些教师不重感悟和启迪而看重强制与注入,不重示范与引导而看重禁阻与抑制。学生行为习惯的生成不是靠启发诱导,而是靠简单的"量化"。许多美好品质正在丧失。品质的珍贵,只有在今后的岁月中才能慢慢体味得到。

"铁肩担道义,妙手著文章。"这是古人的人格追求。"指点江山,激扬文字,粪土当年万户侯。"这是前人豪情壮志。有一些学生自小就养成"以我为中心"的习惯,在家"唯我独尊",不理解父母的艰辛;在学校,重视自我需求自我发展,成为精致的利己主义者,缺乏实干精神,极少关心社会,关心他人;走向社会,感恩之心渐少,诚信意识淡薄,集体观念逐渐丧失。

"天下兴亡,匹夫有责。"

青年是祖国的未来,"匹夫"若无责,怎能"兴国"?

愿家国情怀、责任意识、关怀精神、仁爱无疆、生命教育成为每一位力行教育者的第一要务。

本书在写作过程中得到了张世宸、梁靖然、叶子涵的帮助,他们对书稿进行了校注与整理等,在此一并表示感谢!

著　者

2023 年 6 月